ココロとカラダはつながっている

テニスの心理学

“心”技体を鍛えて
メンタルタフになれ!

佐藤雅幸 著

はじめに

私は1979年4月、長田一臣教授（当時／現在は名誉教授）の元でスポーツ心理学を学ぶために日本体育大学大学院修士課程に入学しました。当時のスポーツ界は若手研究者が中心となって「ブリッジ・ザ・ギャップ（Bridge the gap）」を合言葉に、研究者と現場のギャップを埋める＝融合させるための活動が盛んでした。研究者は現場へ行き、コーチは研究室を行き来し、最高のパフォーマンスを発揮するための科学的研究が注目されていた時期です。ところが、その頃のスポーツ心理学は、パフォーマンスが客観的な数値となってデータ化される運動生理学やスポーツバイオメカニクスと比較すると、心の数値化が難しく、当時は役に立たない学問の代表という評価がなされていました。

そういう中で私が出会った長田教授の著書『スポーツと催眠』『競技の心理』『スランプに挑む』に記された事例は、役に立たないどころか、役に立つスポーツ心理学であり、私の身体の中に熱いマグマが流れたのを今でも感じることができます。

そもそも私がスポーツ心理学を志した理由は、自分自身が試合のたびに幾度となく襲われる緊張や不安、恐れなどの正体を見つけるためでした。自分の競技生活を振り返ってみると、ほとんどは過度の精神的な緊張や不安が原因で、本番で実力を発揮することができない、失敗だらけでしたが、それとは逆に、心と身体が調和して、思いもよらない最高のパフォーマンスを発揮できたことがあることにも気がつきました。こういった経験から、心技体のバランスとコントロールの重要性に気づき、スポーツ心理学を用いてアスリートの心技体のメカニズムを研究することは、指導者にとっても大きな意義があると考えるようになりました。

私には心に深く刻まれた長田教授の教えがあります。入学間もない大学院生の私たちに次のようなことを話してくれました。

「学問とは実践に役立つべきものでなくてはならない。君たちがスポーツ心理学を研究する目的を今一度よく考えなさい。君たちの研究が机上の空論であるならば、それは何もしなかったに等しい。研究が何のためになるのか、誰のためになるのかを考えて、実践に役立つ研究をしてほしい。学問というのは、実践が提起する問題に応え、実践によって検証されるものである。アスリートが悩み、苦しむその原因が心理的なものならば、それを解決するのがスポーツ心理学を研究する者の使命である。研究室にばかり閉じこもっていないで、積極的に競技現場に出向き、問題解決のために競技者や指導者とともに戦いなさい。理論的に正しければ必ず成果が出るはずである。結果が出ないのは何かが間違っているのである。例えば、月へ飛ばそうとしているロケットがあるとして、ここでいう成功とは、ロケットがしっかり打ち上がり、軌道に乗って月に到着することを指す。もし、君たちの目の前にオリンピック選手になりたいという選手がいるのなら、その選手をオリンピックの舞台に立たせるか否かが問われるのである」

　私はこれまでにジュニアからトッププロまで、数多くのアスリートの心理サポートをしてきました。その中でいつも感じていることがあります。一般的にアスリートは性格的に明るく、細かいことに拘らない、いわゆる明るいイメージを持たれていることが多いのですが、実は競技に真剣に取り組めば取り組むほど、自分を追い込み、追い詰め、悩み、苦しみ、もがくのです。アスリートはとてもデリケートです。

　本書はそういうアスリートに向けて、スポーツ心理学の基本理論とテニスの指導事例を組み合わせて解説をしています。私がこれまでに関わってきたテニスの選手やコーチたちは、選手やコーチである前にひとりの人間でもあります。ですから、一人ひとりを人としての原点から見ていくように心がけてきました。そうするとここに記した内容は、テニスの選手やコーチの現場での課題解決に役立つものであるとともに、一人ひとりの人生におけるものの見方、考え方、生き方に応用できるものとなっています。

　人生はドラマのようなものです。ときには勝ち、ときには負けて挫折をすることもあるかもしれません。しかし、その起伏が大きいほど人生はドラマチックになります。人生の脚本を書くのはあなた自身です。筋書きはあなた自身が書くもの。今日までのストーリーは消し去ることはできませんが、明日からのストーリーは書き直すことだってできるのです。ドラマの最終章をどうするかは、あなた自身にかかっています。そういう気持ちでこの本を読み進めてください。

佐藤雅幸

CONTENS

本書は月刊誌『テニスマガジン』（ベースボール・マガジン社）で2002年7月号から2020年7月号まで掲載された3つの連載『Tennis Psychology～メンタルスキルをアップしよう!』『心の悩み解決します!～メンタル・クリニック』『メンタルNOTEBOOK』および特集記事をベースに、新たな原稿とイラスト、写真で編集・構成したものです。

Introduction

どの
メンタル要素
が弱いのか
?

Q1

メンタルが原因だと決めつけていませんか?

試合で勝てないのはメンタルのせいだけではありません。

KEY WORD 思い込みは悪

「自分はメンタルが弱いから勝てないのだ」と思い込んでいる人がたくさんいます。

「自分が試合で勝てないのはメンタルが原因だ」——アメリカのスポーツ心理学者A・S・ゴールドバーグは、そう言う人のほとんどを「ただの思い込みに過ぎない」と分析しています。そして、エラー・ミスの原因を心理的な問題と決めつけてしまう前に、身体的・技術的側面からアプローチしていくことをすすめています。

　試合中のエラーやミスに関しては、体力レベルと打球技術の再現性なども含めて分析するとよいでしょう。結果が出たら、自分だけの主観的な評価だけでなく、コーチや先生、監督など第三者からの客観的な評価も参考にすべきです。自分では〝できているつもり〟でも、ほかの人から見れば〝できていない〟ことが少なくありません。そんな考え違いの状態で試合に挑めば、失敗するのは当然のことです。それをメンタルのせいにするのはどうでしょうか。いつも接戦で負けてばかりいる原因は、ただ単に打球スキルの未熟さや体力の低下、そして戦術の誤りだった……ということはよくある話です。

Q2

結果ばかり気にしていませんか？

心の中の疑問に答えを出してみましょう。

KEY WORD プロセス無視

あなたが負けても誰も責めたりしません。結果を出すための過程を重視しましょう。

周囲からの期待が大きくなって「失敗したくない！」「負けたくない！」という〝失敗回避〟の思いにとらわれると、思考もプレーも固くなってしまいます。結果ばかり気にしすぎて、勝つためのプロセスを踏むことを忘れてしまっているのです。

「負けたらどうしよう？」「負けたらどうなる？」といったネガティブな思考は、プレーの手かせ足かせになりますので、試合の前にキッチリと決着をつけておくべきです。

もし、心の中にネガティブな言葉が湧き出てきたときは、その囁きから逃げずにしっかり受け止めて、話し合ってみてください。

Q「負けそうな予感がする。どうしよう？」
A「試合はやってみなければわからない。自分が今できることは何かを考えよう」
Q「負けたらどうなる？」
A「負けてもあなたを責める人などいない。大丈夫。全力を尽くそう！」

グッドプレーに勝利はついてきます。そしてグッドプレーは正しいポジション、正しい力の入れ方、正しいタイミングから生まれてくるものです。

Q3

“メンタルゲーム”を仕掛け過ぎていませんか?

思考（メンタルの駆け引き）が先行すると カラダは動かなくなります。

KEYWORD ココロとカラダの調和

試合の序盤は足を動かし、カラダを使い、汗をかきましょう。カラダが温まるとメンタルも良い状態になっていきます。

　つまり、頭でっかちになり過ぎないことです。対戦相手を撹乱《かくらん》し、勝利することは、パワーゲームを仕掛けて勝つのとは別の喜びがあります。テニスでは、戦略・戦術の良し悪しが勝敗に大きな影響を及ぼすことはいうまでもありませんが、相手を罠にはめようとし過ぎると、逆に自分がはまってしまう危険性が高くなることを知っておいてください。相手を失敗させようとし過ぎて、自分からポイントを取りにいくことを忘れてしまうのです。思考が先行し過ぎるとカラダが自由に動かなくなってきます。

　まず、カラダを意識してください。カラダがスムーズに動けば、ココロも滑らかに動き出します。ココロとカラダはつながっているのです。

　また、適度な運動は脳の働きを活性化させます。しかし、体力のない人は少しの運動でも負荷が高くなり、脳がフリーズして心理的なパニック状態を起こしてしまいます。「メンタルと体力なんて関係ない」と言う人がいますが、これは大きな間違いです。体力が上がれば、思考も冴えてくるのです。体力があれば、苦しい場面でも冷静で的確な判断ができるようになってきます。

Q4

試合中に夢や幻を見ていませんか？

試合はまだ終わっていません。

KEY WORD　現実を見よ

勝負は最後に握手をするまで決して気を許してはいけないのです。

「勝ち損なう」と「負け損なう」とでは大きな違いです。勝ち損なった試合では、試合中にもかかわらず夢や幻を見ていることが少なくありません。第1セット6―1、第2セット4―1。「勝てそうだな。何とかなりそうだ……」と、気持ち（「集中力」、すなわち「注意の集中」）がすでに試合が終わったところ（未来）にフォーカスされています。

一方、負け損なったほうは、追い込まれてから逆に開き直りが生まれます。「一本一本、しっかりとプレーしていくしかない」「悔いの残らないように頑張ろう」という気持ちになり、「注意の集中」（Q5に関連）が〝この一球〟にフォーカスされやすくなるのです。その結果、勝ち損なう人にはアンフォーストエラーが続出し、負け損なう人にはエースが出て勢いに乗るということが起こります。こうした逆転劇がテニスでは日常茶飯事です。

Q5

何に集中するべきかわかっていますか？

意味もわからず「集中！ 集中！」を口にしないこと

KEY WORD　集中する

本当に集中している人は、やたらと「集中！ 集中！」と口に出したりせず、何に集中するべきかを考えています。

集中力とは「注意の集中」だと言われています。注意とはアテンションであり、方向（外向き、内向き）と範囲（広い、狭い）に分類されます。

集中された状態では、数ある情報の中から必要な情報だけを取り込み、正確に判断して行動できるようになります。また、たとえ失敗しても、その原因がわかっているので修正することができます。

試合でポイントごとに「集中！」「集中！」と声を出している人をよく見かけますが、ほとんどの人がただ口にしているだけで、さほど効果があるように見えません。なぜでしょうか？

それは集中が漠然としているからです。大切なのは「何に」「どのように」集中するのか、その意味をきちんと理解することです。「ボールをクロスに深く打つこと」に集中するのか、あるいは「膝を落としてラケットを振りきること」に集中するのか。

ただ意味もなく「集中！」「集中！」と言っているのなら、言わないほうがよいでしょう。

Q6

ただ漠然とプレーしていませんか?

あらゆるケースの想定が好結果を生みます。

KEY WORD　目的・計画

やることがボヤけていると試合の流れはつかめません。「攻め」も「守り」も強気で行いましょう。

目的もなくサンダル履きでフラフラ歩いているうちに、エベレストの頂上に着いてしまった人は誰もいないでしょう。それと同じように、テニスでもポイントを取るための攻め方、守り方の基本イメージを持つことが大切です。しかし「攻め＝強気」「守り＝弱気」と考えることは大きな間違いです。攻めも守りも強気で行っていってください。

自分が何をしたいのかが明確であれば迷いが少なくなります。ただ流されてプレーをしてはいけません。主役はあなた自身なのです。

例えば、あなたがサーバーだとします。狙った場所にサービスが入って、相手のリターンがチャンスボールになったらどうするべきか？　狙った場所に入ったがうまくリターンされて追い込まれた場合はどうするべきか？　狙った場所に入らなかったがチャンスボールが来た場合はどうするべきか？　狙った場所に入らなくて攻撃的なリターンを打たれ、追い込まれた場合はどうするべきか？　いろいろなケースを想定しておくことが大切です。

プレーの糸口（トリガー＝引き金）さえつかんでいれば、あとは芋蔓式《いもづるしき》につながっていくものです。糸口をしっかり見つけて離さないでください。そして勝利を手繰り寄せてください。

Q 7

自分の興奮レベルがわかっていますか？

カラダは熱く、頭は冷静に！ ココロとカラダのモニタリング

KEY WORD 興奮レベルのチェック

気合いは入りすぎても抜けすぎてもいけません。"中の上"程度の興奮レベルで試合に臨みましょう。

気合いが入りすぎると、呼吸や心拍、そして血圧などが上昇し、大脳の興奮（アクチベーション）レベルが上がります。陸上の投てき、重量挙げ、柔道やボクシング、そしてレスリングなどの格闘技やラグビーなど、ボディーコンタクトのあるスポーツでは、興奮レベルが高いほうがより良いプレーができるようです。

しかし、テニスでは"中の上"程度の興奮レベルが最適であり、高いパフォーマンスが発揮されることがわかっています。テニスは長時間、相手との駆け引きをしながら展開される競技ですから、カラダは熱く燃えていても、頭は常に冷静に働かせていなければなりません。的確な判断ができるかが勝敗を決定します。

試合前に自分の興奮レベルを5段階スケールにして確認してみてください。自分の状態をモニタリングすることは大切です。個人差はあるにせよ、テニスでは3〜4程度のレベルにセットしてみたらよいでしょう。

興奮レベルのコントロール法として、興奮状態を下げるためには深呼吸をゆっくりと何度も繰り返すことです。深呼吸によって副交感神経が働き出し、心拍や呼吸、そして血圧などが下がり、リラックスしてきます。また、プレー時には十分な間合いをとりながら、自分のリズムをつくり出すことが大切です。ボールを打つ前にメンタルリハーサルをするとさらに効果的です。

逆に、サイキングアップ（興奮水準を上げること）をするためには、短く激しい呼吸を何度も繰り返す方法があります。大きく息を吸ったあと、「ハッ！ハッ！ハッ！」と息を強く吐き出してください。また、「よしっ！やるぞ！」と言いながらカラダを叩くことや、自分自身に対して「できる！やれる！」などと肯定的なセルフトークをすることは、気合いを入れるための効果的な方法です。

Q8

あれもこれも同時にやろうとしていませんか？

慌てる人ほど、何もできていません。

KEY WORD 優先順位の確認

うまい人、強い人ほど、試合で「できること」「できないこと」、そして「すること」の優先順位がわかっています。

結果を早く出そうとするあまり、あれもこれもと、同時にやってしまうことがあります。しかし、その結果はすべて不完全な状態になることのほうが多く、なかなかゴールまでたどり着きません。まず優先順位をつけることから始めてみてください。

例えば、美味しい料理をつくるためには素材を同時に入れたりしないように、基本的な順番を守らなければなりません。

これはテニスでも同じで、ポイントを取るためには正しい段取りがあるのです。相手を動かしてバランスを崩し、オープンスペースをつくってウイニングショットを打ち込む、といった基本的な順番が守られているかを確認してください。

まずは、頭の中の整理整頓から始めましょう。机の引き出しをイメージしてください。もし、引き出しの中に文房具がごちゃごちゃに入っていたとしたら、必要なものを探すのに手間がかかってすぐに使うことができません。テニスでも同じです。刻々と変化する状況の中で、自分が何を、どのようにすべきかを判断し、対応しなければなりません。さらに、その状況下で自分が何ができるのかを瞬時に判断しなくてはなりません。できることと、できないことを頭の中で整理整頓しておくことは、試合で勝つために非常に大切なことです。

Q9

びびりが悪いと思っていませんか？

緊張はグッドサインです。

KEY WORD 感情のコントロール

緊張しない薬などどこにもありません。びびりの兆候を楽しみ、そこから力を出せるように訓練しましょう。

びびり（チョーキング）は、挑戦的な気持ちの一歩手前、それはグッドサインだと考えてください。超一流選手であってもびびります。ただそれを見せていないだけなのです。

びびりの状態では、呼吸、心拍、そして行動が早くなります。従ってボールを打つタイミングも早くなり、ミスをするケースが多くなります。

もし、あなたがびびりを感じたら、次のような対処法をとってください。早く構えて（時間をつくる）、声を出しながら（息を吐きながら）、ボールをゆったり打ちます。

キーワードとしては、「足はしっかり」「上体はゆったり」などがよいでしょう。また、感覚的に鈍い、大きな筋肉を使ってボールを打つことは効果的です。びびりの兆候を過度に嫌わないようにしましょう。びびりから逃げ回ろうとすればするほどついてきます。

Q10

試合中に「もう負けてもイイや」とあきらめていませんか？

ネガティブな思考を排除しましょう。

KEY WORD 言い訳は最大の恥

全力を尽くして負けてしまったら、落ち込む必要はありません。また再スタートを切ればよいだけの話です。

試合の途中で弱気になり、「負けてもイイや」と思う気持ちは、「あきらめ」の感情であり、ここから挑戦する心理状態にまで高めるには、相当のエネルギーが必要です。そこを乗り越えるためには、次のような考え方と対処法を試してみてください。

勝負では、たとえジャンケンであろうと勝つほうがよいです。もし、試合前や試合の最中に「負けてもよい」などという弱気の虫が騒ぎ出したら、心の中で「ストップ!」と叫んで、ネガティブな思考をいったん停止させ、その考えをイメージで粉々にしてみてください。

また、接続詞を使用して思考を転換させることも効果的です。例えば、「負けてもよい」。しかし、「この試合は最後まで全力を尽くしてみよう!」という方法です。試合は最後の最後まで勝利を目指して戦い抜くことが大切です。この気持ちを忘れないでください。

Q 11

心の準備はできていますか?

本気で勝ちたいなら本気の準備をしましょう。

KEYWORD 準備の大切さ

「プレー」が始まりではありません。試合前からすでに試合は始まっています。

極端なことを言えば、試合中は誰もが必死にプレーしています。しかし、本気で勝とうとする人は、試合の開始前から周到な準備をしています。オリンピック選手は3年と364日を準備期間に充て、その一日、その瞬間に勝負をかけているのです。勝利のカギは試合前の準備段階にあることを知ってください。

試合とは、テニスコートに入って対戦相手とボールを打つときからが開始ではありません。364日前から準備せよ、とは言いませんが、最低1～2週間前からは準備を開始してほしいものです。3日前、1日前、3時間前、1時間前、30分前と、段階的に心身のコンディショニングをしていきましょう。

また、試合前に緊張が襲ってきても決して慌てないことです。それは正しい反応だからです。そんなときは、どんな状態なのかをじっくり観察してチェックしてみてください。手足の筋肉が震えていたり、肩に力が入っているようだったら、深呼吸と併せて、緊張している筋肉に対して逆に数秒間力を込め、それから「スッ！」と抜くことを繰り返しましょう。力が抜けるまで繰り返すのです。試合前は何が起こっても取り返しがつきます。

Q 12

自分と会話ができていますか？

"一人二役"ができる人は崩れません。

KEYWORD 独り言の効果

ネガティブな独り言は意味がありませんが、建設的なものならOKです。客観的に自分を見てみましょう。

団体戦などはベンチにコーチとして座ってくれる人がいたり、応援してくれる人がいることで実力を発揮できるのに、一人になるとまったく実力を発揮できないという人がいます。自分に備わっている機能を十分に働かせることができないのです。テニスはプレー中に他者からのアドバイスを受けることが禁じられており、すべては自分一人で行わなければなりません。言葉を換えれば、一人二役を演じなくてはならないのです。

自分のプレーを客観的に評価し、修正を加え、実行してみてください。まさに自分が選手であり、コーチでもあることを忘れないことです。プレーしている自分を天空から客観的に観察している姿を想像してみるのです。

「ファーストサービスの確率が悪いね」

「セカンドサービスを狙われているよ」

などと、自分にアドバイスをしましょう。そして、弱気になったら、自分自身に対して叱咤激励してみてください。そのときは「叱咤は少し」で、「激励は多く」が鉄則です。

Q13

楽しんで
プレーできて
いますか
？

つまらなくしているのは自分自身です。

KEY WORD 要求水準の問題

いつも100点を目指すのは難しく苦しいもの。80点でも十分に合格点です。

「競技が楽しめなくなった」「子供の頃のような自分でプレーをしたかった」――そう言って引退していったプロの選手がいました。テニスが単なる遊びであるときは何の束縛もなく、自由にプレーすることができましたが、プロになって勝敗が他者から評価されるようになり、「勝たなければならない」という気持ちが過度になると、負けることが怖くなり、〝失敗回避〟の状態になってしまいました。その結果、挑戦するという気持ちが萎え、伸び伸びとプレーができなくなってしまったのです。

この状態はアマチュアのプレーヤーであっても同じことが言えます。勝敗を意識することは苦しいトレーニングを乗り越える糧ともなりますが、時として自由を奪う〝両刃の剣〟にもなります。テニスを本当の意味で楽しむためには、相手に勝つことだけでなく、テニスそのものの面白さを見つけ出すことが大切だと考えます。日が暮れるまで、汗まみれになりながら目を輝かせてボールを打っていた頃を思い出してみてください。

メッセージ

あなたが負けると思ってしまえば、必ず負けます。
あなたが勇気がないと思ってしまえば、
勇気は出てきません。
あなたが勝てないと思ってしまえば、
絶対に勝てないでしょう。
あなたが弱気になったら、その時点で敵わないのです。
そんな"弱きの虫"は、追い払ってください！
そして、あなたは自分の実力を最大限に発揮する、
そのことをしっかり考えましょう。

Chapter 1

心の構造分析

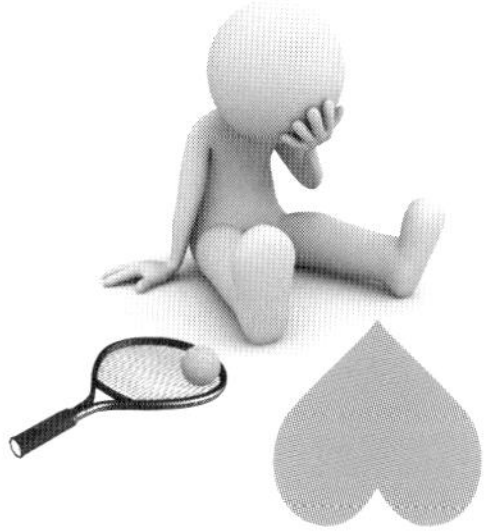

Chapter 1

テニスにおけるメンタル

テニスにおけるメンタルという言葉の使われ方は、「メンタルが強いから勝った」「メンタルが弱いから負けた」という言葉が一番よく聞かれます。そこで私は続けて、「メンタルとは何ですか?」と聞くのですが、「プレッシャーに強い」「気持ちが安定している」「すぐあきらめてしまう」「ミスを引きずる」など、人によってさまざまな答えが返ってきます。ひと言で「メンタル」と言いますが、そこにはさまざまな要素が存在するのです。

九州大学の徳永幹雄名誉教授らは、アスリートの心理的競技能力を診断するためのテスト『DIPCA』〈38ページ〜に関連〉を開発し、メンタルを5つの因子と12の尺度に分けて説明しています。例えば「ガッツがない」のは「闘争心」、「すぐあきらめてしまう」のは「忍耐力」、「ミスを引きずる」のは「自己コントロール」が要因となります。そして「闘争心」や「忍耐力」は、「自己実現」「勝利志向性」とともに「競技意欲」全体に影響を及ぼすのです。

心はひとつですが、「12」の機能が統合されたまとまりだということを知っておいてください。

心は12に分かれている

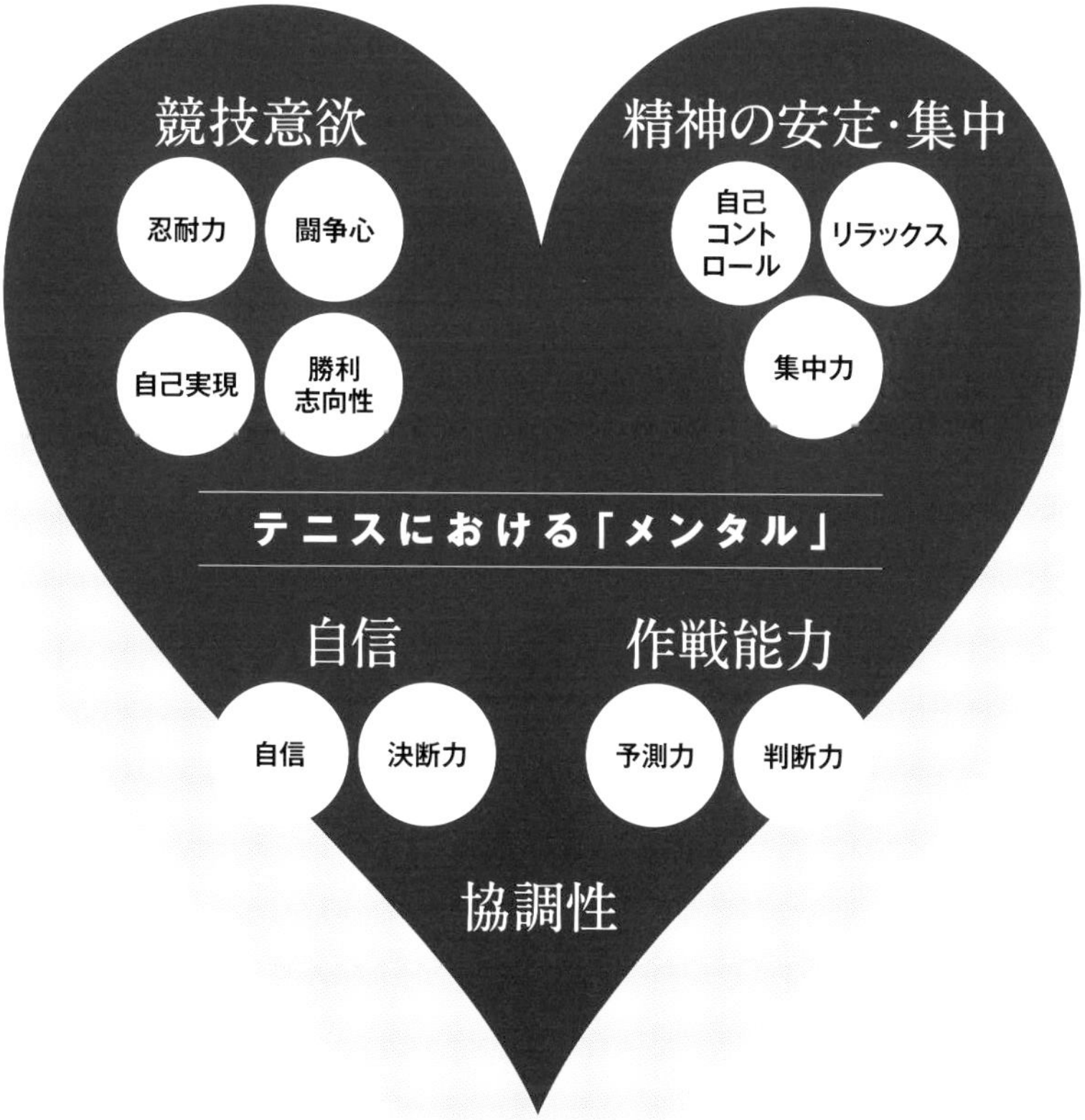

参考◎心理的競技能力診断検査『DIPCA.3』
(Diagnostic Inventory of Psychological Competitive Ability for Athletes)
発行所◎㈱トーヨーフィジカル　TEL092-522-2922
※詳細な『DIPCA.3』テストを受けたい方は上記まで

Chapter

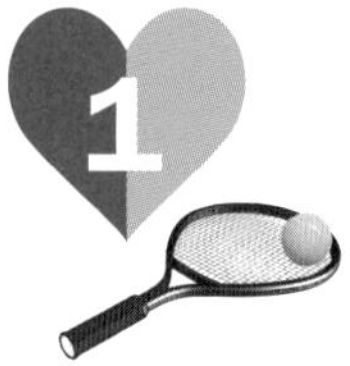

自分の「心」を知ろう

自己分析と他者評価で自分を深く知る

メンタルを強くするためのポイントは「自分を正しく知る」ことにあります。ここに紹介するアスリートの心理的競技能力を診断するためのテスト『心理的競技能力診断検査』は、5つの因子と12の尺度を設けて分析されます。テストの結果をグラフにすると、ある要素では高く（強く）、ある要素では低く（弱い）というように、選手によって違いや個性があることがわかります。それをいっしょくたにして、「自分はメンタルが弱い」という思い込みにとらわれているのは、あまりにももったいないことです。自分を客観的に見つめることで既成概念を取り払い、乗り越えるきっかけにしていくことができます。

まずは『心理的競技能力チェック』を利用して心理チェックをしてみましょう。自分の性格や特性、考え方や見方を知る、自分自身に意識を向けて内面を知ることによって、すべき行動、やるべき練習が見えてくるはずです。

また同時に、家族や友人、コーチなど周囲の人にも同じようにあなたについて回答してもらってください。自分と周囲の人がまったく同じように評価するということは少ないはずです。他者からの評価により、自分でも気づいていなかった長所や短所に気づくことができるでしょう。

競技意欲	● **忍耐力** ＝ 我慢強さ、粘り強さ、苦痛に耐える ● **闘争心** ＝ 試合での闘志・ファイト ● **自己実現** ＝ 可能性への挑戦、主体性・自主性 ● **勝利志向性** ＝ 勝利への意欲、勝利へのこだわり
精神の安定・集中	● **自己コントロール** ＝ 自己管理、いつもどおりのプレー、気持ちの切り替え ● **リラックス** ＝ 不安・緊張がない、精神的なリラックス ● **集中力** ＝ 落ち着き、冷静さ、プレーへの集中
自信	● **自信** ＝ 自分の能力・実力発揮・目標達成の自信 ● **決断力** ＝ 思いきりのよさ、素早い決断、失敗を恐れない、決断
作戦能力	● **予測力** ＝ 作戦の的中・切り替え、勝つための作戦 ● **判断力** ＝ 的確・冷静・素早い判断
協調性	● **協調性** ＝ チームワーク、団結心、協力、励まし

正式な測定法は、52の質問項目に答えて得点を分析し、グラフ化する方法ですが、今回は、直感を働かせて次の各項目（5つの因子と12の尺度）の説明を参考に、自分がどこに当てはまるのかを判定して ✔ をつけてみてください。

心理的競技能力チェック

		1 ない	2 ←←	3 普通	4 →→	5 ある
競技意欲	**忍耐力**					
	闘争心					
	自己実現					
	勝利志向性					
精神の 安定・集中	**自己コントロール**					
	リラックス					
	集中力					
自信	**自信**					
	決断力					
作戦能力	**予測力**					
	判断力					
協調性						

表に記入したら、右のグラフに書き写します。簡易的に5点満点（正式なテストは20点満点）で自己採点してみましょう。自分のメンタルの何が弱いのか、逆に何が強いのかを知ることはとても大切なことです。そうした自分の状態を知っていれば、試合中にメンタルをコントロールしやすくなります。

点数が低くても「自分はダメなんだ」と思わないでください。ここを伸ばせばもっと競技能力は伸びる、ということなのです。すべてにおいて点数が高い人は、そのままその能力を伸ばし、技術、体力にもっと力を入れてください。

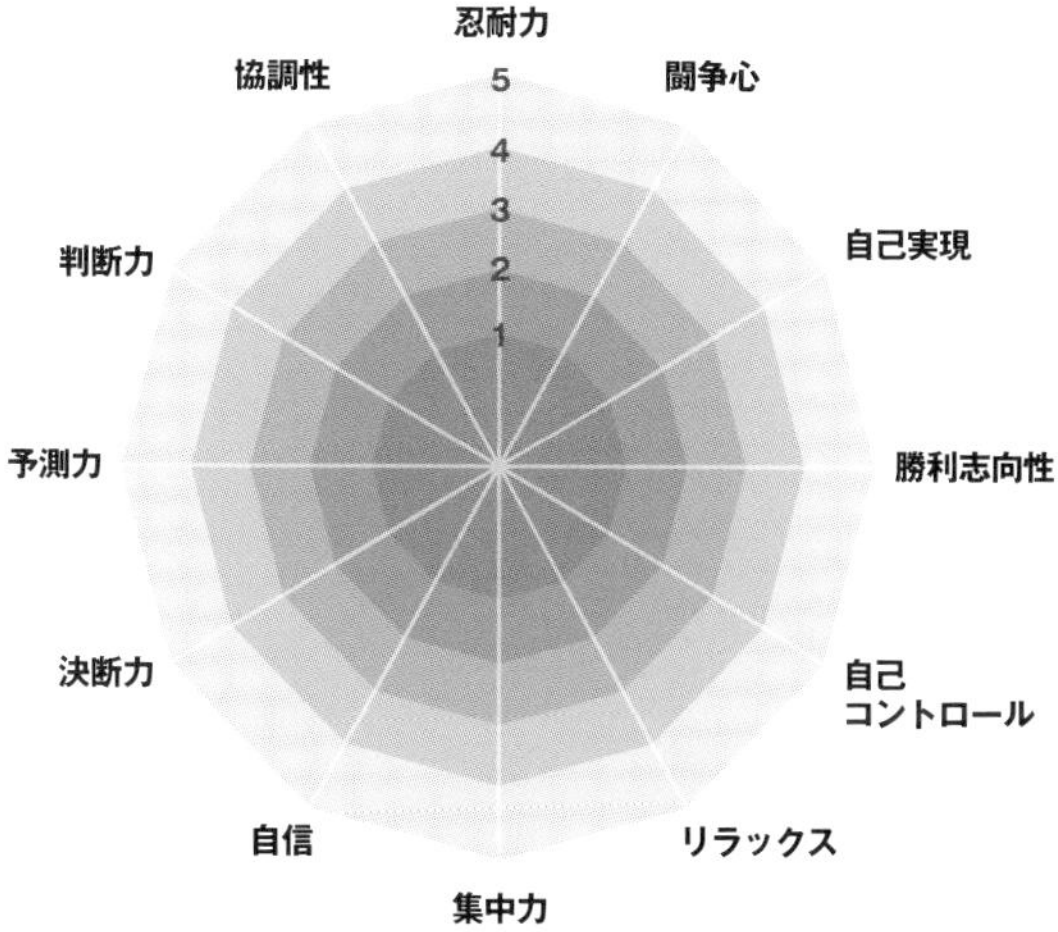

Chapter 1

ところで「心」とは？

心の実態を知らなければ
コントロールはできない

大試合で最高のパフォーマンスを発揮する——そのためには心技体が調和していなければなりません。どれひとつとしておろそかにすることはできませんが、競技レベルが高ければ高いほど、とりわけ「心」の状態が勝敗を決定するといっても過言ではありません。心をいかにコントロールするかは、競技者にとって大きな課題です。

心を自由自在にコントロールできればどんなによいでしょう。緊張や不安、怒りなどといった心の状態はパフォーマンスに大きな影響を及ぼすので、常に最適な状態にしておきたいものです。

私たちの一般的な考えでは、一流選手は心が強く、緊張や不安といったネガティブなことはいっさい感じていないのではないか……と思っていることが多いです。しかし、それは間違っています。私がこれまで出会ってきたトップ選手たちは、特に試合前はとてつもない大きな緊張や恐れ、迷いなどに襲われていて、眠れないくらい不安になると話しています。

しかし、彼らはそれで終わりません。不安や恐れ、迷いといったネガティブな心理状態を上手にコントロールして、理想的な状態にしてから試合に挑んでいます。まさに心をコントロールするスキルを持っていることこそが、一流アスリートの証と言えます。

心をコントロールするためには、心とはいったい何なのかを知ることが大切です。実態がわからないで闇雲に行動することは無謀なこと。それはまさに暗闇のジャングルで黒豹を探すようなものです。その状態ではいつまでも解決策は見出せません。

心を理解してコントロールするための方法『交流分析』

心を理解してコントロールするための方法のひとつに、『交流分析』（Transactional Analysis＝略してTA）という理論があります。TAは精神科医のエリック・バーンによって提唱された精神分析の流れを汲む性格理論であり、自分自身のものの考え方、見方、生き方を探っていくためにおすすめしたい方法です。

TAの基本的考えは、人は誰でも大きく分けてPACという〝3つの私〟を持っているというものです。それら3つは「自我状態」と呼ばれ、「感情および思考、さらにはそれらに関連した一連の行動様式を統合した一つのシステム」と定義されています。

交流分析は、主に次の4つの分析で構成されています。

❶自我構造分析

❷交流パターン分析

❸ゲーム分析

❹脚本分析

Chapter

交流分析におけるエゴグラム作成

自我構造分析にトライ

『交流分析』は、精神科医のエリック・バーンが1950年代後半に提唱しました。その理論によると、人間の心の中には5人の家族が住んでいて、5つの自我状態を形成しています。

5つの自我＝5人の家族

❶**CP**（Critical Parent）**批判的な父親**
理想、良心、正義感に基づいて価値判断を下す父親的自我

❷**NP**（Nurturing Parent）**養育的な母親**
他人に対して思いやり、共感を持ち、保護的で寛容である。母親的自我

❸**A**（Adult）**自立した大人**
理性的、合理的、冷静に判断する大人的自我

❹**FC**（Free Child）**自由奔放な子供**
本能や感情で行動し、自由に生きる子供的な自我

❺**AC**（Adapted Child）**順応した子供**
他人の目を気にするいい子タイプの自我

5人の家族の度合いは人それぞれ違いますが、どの自我状態が強いか弱いか、それがその人の思考、感情、行動となっています。自分の自我状態を知ってコントロールができるようになると、思考、感情、行動などが変わってきます。そして、相手の自我状態を見抜くことができれば、自分はどの自我状態を発揮して対処するべきか、挑むべきかが見えてきて、

勝利につなげることができます。

　交流分析のひとつ、『自我構造分析』をするために『エゴグラム』を作成しましょう。エゴグラムとは簡単に説明すると、エゴ(自我)とグラム(図表)を組み合わせ、自我の状態をグラフィカルに表現したものです。誰でもできるのでやってみてください。５つの自我状態に、各10個ある質問に答え、その得点をグラフ化します。エゴグラムの質問に答えていくことで5つの自我パターンが浮き彫りになります。

　最終的に、エゴグラムはどんな形になってもかまわないのです。それを元に、自らの目標を達成するために役立つと思われる自我のポイントを上げるように、行動様式の改善にトライすることが大切です。例えば、ある自我を抑えたい場合は、ほかの自我を刺激して得点を上げ、総体的に下げるように心がけます。まずは自分で自分を評価して進めますが、他人にも評価してもらうと自己評価との差がわかって、より客観的な資料になります。

エゴグラム(SGE)テスト

(芦原 睦1995)

自我状態を知るためのテストです。合計50の質問に答えてください。「はい」には○(2点)、「どちらでもない」には△(1点)、「いいえ」には×(0点)をつけます。あまり考え込まず、直感的に答えましょう。できるだけ○か×で、△は避けてください。

まずは自己評価を進めてください。

テスト結果

	自己評価	他者評価
CP	点	点
NP	点	点
A	点	点
FC	点	点
AC	点	点

CP

	自己評価	他者評価
① 間違ったことに対して、間違いだと言う		
② 時間を守らないことは嫌		
③ 規則やルールを守る		
④ 人や自分をとがめる		
⑤ 「〜すべきである」「〜ねばならない」と思う		
⑥ 決めたことは最後まで守らないと気が済まない		
⑦ 借りたお金を期限までに返さないと気になる		
⑧ 約束を破ることはない		
⑨ 不正なことには妥協しない		
⑩ 無責任な人を見ると許せない		

NP

	自己評価	他者評価
① 思いやりがある		
② 人をほめるのが上手		
③ 人の話をよく聞く		
④ 人の気持ちを考える		
⑤ ちょっとした贈り物でもしたい		
⑥ 人の失敗には寛大		
⑦ 世話好き		
⑧ 自分から温かく挨拶する		
⑨ 困っている人を見ると何とかしてあげる		
⑩ 子供や目下の人を可愛がる		

A

① 何でも、何が中心問題か考え直す
② 物事を分析して、事実に基づいて考える
③「なぜ」そうなのか理由を検討する
④ 情緒的というより理論的
⑤ 新聞の社会面などに関心がある
⑥ 結末を予測して、準備をする
⑦ 物事を冷静に判断する
⑧ わからないときはわかるまで追求する
⑨ 仕事や生活の予定を記録する
⑩ 他の人ならどうするだろうかと客観視する

FC

① してみたいことがいっぱいある
② 気分転換が上手
③ よく笑う
④ 好奇心が強いほう
⑤ 物事を明るく考える
⑥ 茶目っ気がある
⑦ 新しいことが好き
⑧ 将来の夢や楽しいことを空想するのが好き
⑨ 趣味が豊か
⑩「すごい」「わぁー」「へぇー」などの感嘆詞を使う

AC

① 人の気持ちが気になって、合わせてしまう
② 人前に出るより、後ろに引っ込む
③ よく後悔する
④ 相手の顔色をうかがう
⑤ 不愉快なことがあっても口に出さず、抑えてしまう
⑥ 人によく思われようと振る舞う
⑦ 協調性がある
⑧ 遠慮がち
⑨ 周囲の人の意見に振り回される
⑩ 自分が悪くもないのに、すぐ謝る

あなたの折線グラフを作成

自己評価

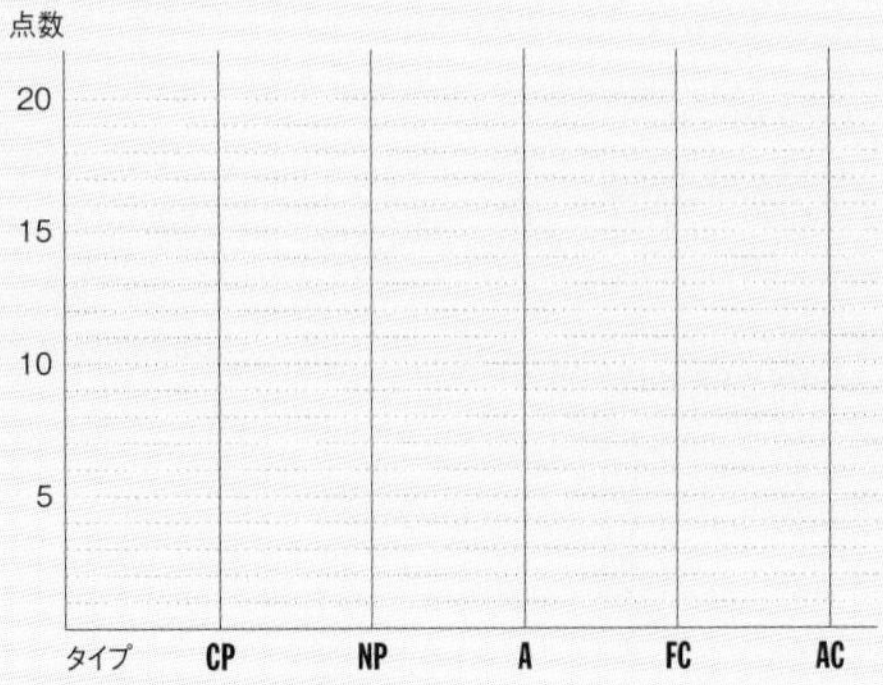

他者評価

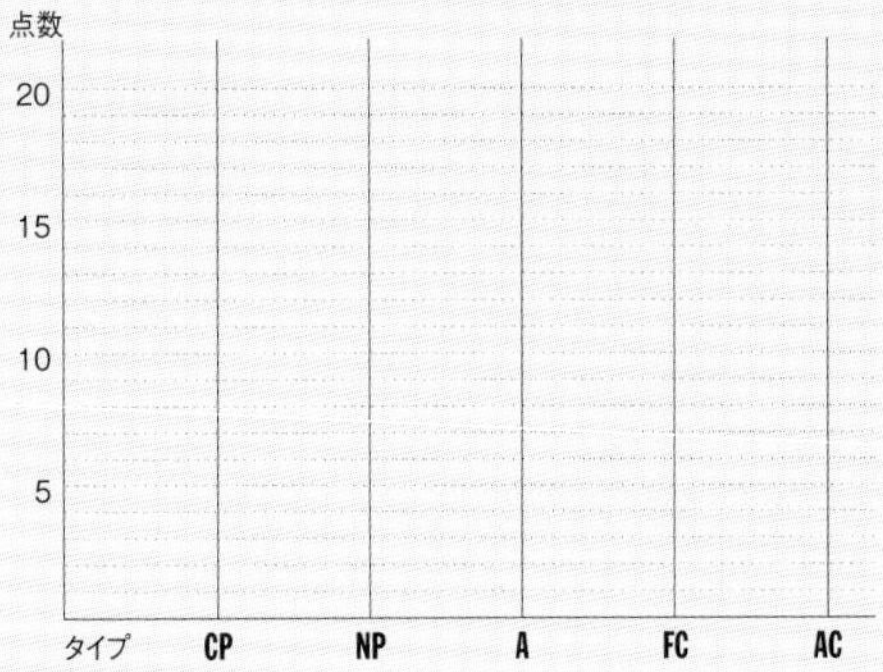

MEMO あなたの特徴

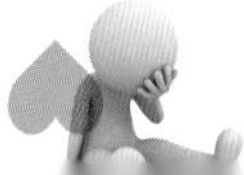

あなたの特徴がよく表れていませんか?

CP
（批判的な父親）

長所	短所
理想を追求する	偏見を持ちがち
良心に従う	批判的
秩序を維持する	支配的
道徳を尊ぶ	排他的
責任を持つ	独断的

NP
（養育的な母親）

長所	短所
相手を認める	過度に保護する
共感する	過度に干渉する
保護・養育する	押し付ける
同情する	自主性を奪う
受容する	甘やかす

A
（自立した大人）

長所	短所
理性的である	機械的である
合理性を尊ぶ	打算的である
沈着冷静である	無味乾燥である
事実に従う	無表情である
客観的に判断する	冷徹である

FC
（自由奔放な子供）

長所	短所
天真爛漫である	自己中心である
好奇心が強い	わがままである
直感を尊ぶ	傍若無人である
活発である	動物的である
創造性に富む	感情的である

AC
（順応した子供）

長所	短所
協調性に富む	遠慮がちである
妥協性が強い	依存心が強い
いい子である	我慢してしまう
従順である	自主性に乏しい
慎重である	敵意を隠す

Chapter 1

基本的な「構え」と「ストローク」

『交流分析』における言動や行動

「人は誰でも考える能力を持っている。そして、自分の運命は自分で決め、その決定は自分で変えることが可能なのだ」――これが『交流分析』の基本的な考え方です。誰かから何とかしてもらう、何とかされた……ということではなく、自分自身が考え、決断し、行動するのだということを意味しています。

4つの基本的な構え

『交流分析』の提唱者、エリック・バーンは、人には『4つの心理的な構え』があると述べています。それは、自分が自分自身および他人をどのように評価しているかで決定されます。

❶ I am OK—You are OK
（自己肯定ー他者肯定）

❷ I am OK—You are not OK
（自己肯定ー他者否定）

❸ I am not OK—You are OK
（自己否定ー他者肯定）

❹ I am not OK—You are not OK
（自己否定ー他者否定）

❶「I am OK – You are OK（自己肯定－他者肯定）」の構えの人は、自己肯定および他者肯定的な考え方をします。自他ともに尊重するので、他者および対社会的な友好関係が保て、共存・共栄、そして協調が成立します。例えば、強力なライバルの存在が出現したとしても、決してネガティブには考えません。ライバルの存在を肯定的に受け止め解釈し、成長の糧としていきます。また、自分がつかんだ成功を決して独り占めにせず、周囲の人々と分かち合うので良好な人間関係が保てます。

❷「I am OK – You are not OK（自己

肯定ー他者否定）」の構えの人は、自己肯定および他者否定的な考え方をする傾向があります。順調に事が進んでいるときはよいのですが、何か問題が生じた場合には、その原因を自分以外の外部にあると考えてしまいます。例えば、試合で勝てないと、コーチが悪い、練習環境が悪い、天候が悪い……などと他人のせいにして自分の非を認めません。また、自分がつかんだ成功を独り占めする傾向が強いので、協力者を失うことになります。いわゆる排斥および独善的傾向が見られます。

❸「I am not OK ─ You are OK（自己否定ー他者肯定）」の構えの人は、自己否定および他者肯定的考え方をしてしまいます。自分に自信が持てないので、自分に非がなくてもいつも謝ってばかりいます。例えば、大きなチャンスと遭遇しても「自分にはできるはずがない、絶対無理だ」……などと消極的な思考に支配され、自分で挑戦することなく、他人に譲ることになります。その結果、孤立や回避傾向に陥ります。

❹「I am not OK ─ You are not OK（自己否定ー他者否定）」の構えの人は、自己・他者否定的な考え方をしてしまうので、自他ともに認めることなく、拒絶や絶望感に苛まれ、自暴自棄に陥ってしまいます。

図の『４つの構え』は、自分↑↓他人、肯定↑↓否定という４つの領域を示しているので、自分はどのエリアに入るのか考えてみてください。もちろん「I'm OK ─ You're OK」のポジションにいるときこそ精神的エネルギーに満ち溢れて、自己表現するには理想的な状態です。

4つの構え

交流分析における ストローク

『4つの構え』をそれぞれを動かしている要素を説明しましょう。

テニスでストロークとはネットを挟んでボールを打ち合うことを意味しますが、『交流分析』では基本的に相手の存在や価値を認める言葉や行動を「ストローク」と呼んでいます。ストロークには3種類あり、「身体接触がともなうもの」「言葉を用いたもの」、さらに「言葉を介在しない非言語的なもの」があります。

例えば、身体接触をともなうようなストロークとは、抱きしめたり、握手をしたり、肩を抱くなどといったものです。また、言葉を用いたストロークとは、挨拶をする、話しかける、褒める、励ます、慰めるなどといったようなものです。最後に、言葉を用いない非言語的なストロークとは、うなずいたり、見つめたり、傾聴する、拍手をすることを指します。

参考◎『交流分析のすすめ』(杉田峰康/日本文化科学社1990)

ストロークの法則

　ストロークはたとえるなら、車のガソリンのようなものです。ガソリンがなければエンジンは動かず、車は走ることができません。それと同じように、人はストロークを得ることによって活力が蓄積され、やる気が出てきます。

　ストロークにはプラス（肯定的）のストロークと、マイナス（否定的）のストロークがあります。プラスのストロークは、「あなたは本当に頑張っていますね」「あなたは素晴らしいです」「よかったですね」……などといったもので、受け取った人が幸せな気分になるものです。一方、マイナスのストロークは、「あなたはだめですね」「無理です」「あなたにはできるはずがありません」……などといった、受け取り手が不愉快になるようなものを言います。

　『交流分析』の理論によれば、人はプラスのストロークを求めるものであり、ストロークなしでは生きていけません。人が一番欲しているのはプラスのストロークですが、それが得られない場合には、マイナスのストロークでさえ求めてしまう……という説明がなされています。マイナスのストロークとはいわば腐った食べ物のようなものです。例えば、コーチに褒められたいと思っているジュニア選手がいたとします。しかし、なかなか褒められるような行動や戦績が出せないとなると、逆に叱られるようなことをして、マイナスのストロークでもかまわず得るための行動をとるのです。

条件付きストロークと無条件のストローク

　条件付きストロークとは、例えば「この大会で勝った、あなたは素晴らしいです」などが当てはまります。素晴らしいという前提には、この大会で勝ったという条件が付いているのです。裏を返せば、勝たなかったら価値がないという意味も含まれているので注意しなければなりません。

「一生懸命練習をするあなたは素晴らしいです」などの言葉は、コーチが選手のやる気を高めるために使う場合がありますが、しかし「練習を一生懸命するあなた」という条件付きのストロークですので、これを与え続けられてきた選手たちは、自分の存在価値に自信が持てなくなり、常に他人からの評価を気にするようになり、他人に認めてもらうために頑張るのだ……というような考え方に陥りがちです。

　一方、無条件のストロークというのは、その人の人格と存在に対して与えられるものです。例えば、「やさしい微笑」「あなたがいるだけで幸せです」……というような打算のない言葉や行動を意味します。無条件のストロークは、自分の存在価値を認識させ、成長を促すと同時に活力の源となるものだと考えられています。

　ぜひともプラスのストロークを活動のエネルギーとして、目標達成のために挑戦してみてください。

Chapter 1

思考と行動をコントロールする

交流分析における「時間の構造化」

『交流分析』の哲学──人はすべてOKであり、誰でも考える能力を持っています。そして、自分の運命は自分で決め、その決定は自分で変えることが可能です。さらに、基本的にはI'm OK－You're OK（自己肯定・他者肯定）の構え（考え方）をとることができれば、社会的にも友好関係が保て、自他共存・自他共栄が成立します。たとえ強力なライバルが現れたとしても、その存在を肯定的に受け止め、成長の糧とすることができるのです。

つまり目標を達成するためには、高い競技能力だけでなく実力を発揮しやすい環境を自らがつくり出す、いわゆる対社会適応能力が必要不可欠なのです。

目標を達成するためには思考と行動をしっかりコントロールし、一歩一歩コツコツと積み上げていく地道な努力が大切です。例えば、試合で勝ちたいと思うならば目先にとらわれることなく、計画的で質の高い練習を行うべきです。つまり、時間の過ごし方は目標達成の鍵となり、交流分析ではこれを「時間の構造化」と呼んでいます。一日がどのように組み立てられているか、どのようなストローク（相手の存在や価値を認める言葉や行動）を受けているかを、ぜひ分析してみてください。

時間の構造化は別枠のように6つに分類されます。あなたはどのような質の時間を過ごしていますか？　①から⑥へ大きな数字になるほど、あなたの活動のエネルギーになるストロークを受けていることになります。

時間の構造化 6つの分類

①閉鎖
他人からのストロークがない状態です。例えば引きこもっている場合や、クラブで練習していても誰とも話さない孤立した状態を指します。

②儀式
クラブの練習に行っても、一般的な挨拶やあたりさわりのない会話しかなく、他人とのストロークはほんの少しだけの状態です。

③雑談
クラブでコーチや仲間と軽い冗談や話をするものの、中身はあまりありません。交流分析では「ひまつぶし」とも言い、時間の浪費となります。

交流分析における「ゲーム分析」

テニスで「ゲーム分析」というと、相手のショットのコースや球種などを統計的に分析することを意味しますが、『交流分析』における「ゲーム分析」は少し違います。

『交流分析』の提唱者、エリック・バーンは、ゲームとは「明瞭で予測可能な結果に向かって進行しつつある一連の相補的・裏面的な交流」と定義しています。相補的・裏面的というのは、「行き違い」という意味ですが、それは「罠やカラクリを内蔵した一連の駆け引き」であり、人にマイナスの不愉快な感情を与えてしまうものを指します。典型的なゲームの事例を紹介しますので参考にしてください。

あらすじ　お父さんと娘（ジュニアテニス選手）が練習中にうまくいかなくなり、わざとアウトボールを連発させる娘の行動について。

父　「試合が近いからいっしょに練習をしないか?　ボールを出してあげるよ」

娘　少々嫌々ながら……「お願いします」。初めはうまくボールをコントロールしていましたが、少々疲れてきてアウトボールが出てきました。

父　「もっと頑張れ。もっと一生懸命練習しなさい。集中!」

娘　集中力が途切れて、わざとアウトボールを打ち始めます。

父　「おい、おい、なんだ、その態度は。

　　そんなことじゃ練習にならない。やめだ！やめだ！」

と、お説教が始まります。

このようなことを数日繰り返し、決まって2人とも不愉快な気持ちで終わるのでした。このような非建設的な交流を「ゲーム」と言います。

なぜこのようなゲームが始まるのか。結局、娘はストロークが欲しいからだと考えられます。娘は、うまくボールを打って褒められる、いわゆるプラスのストロークを得ることができない代わりに怒られることで、不快ではあるもののマイナスのストロークを手に入れました。これは「キック・ミー（Kick me）」、私を嫌ってちょうだいという、自らが嫌われるように仕向けるゲームをしているのです。

もし、このような状況に遭遇したら、相手がゲームを仕掛けていることに気がついてください。そしてそんなときは決して感情的にならず、自分の自我状態のA（自立した大人、論理的）を使ってゲームを中断させることが大切です。

④活動

自分のテニスに没頭するあまり、他人とはあまり深い関係を持つことを避け、勝つことだけに価値を見出し、そこからプラスのストロークを得ている状態です。いわゆる仕事中毒のようなもので、目標達成後に燃え尽きてしまうことがあります。

⑤ゲーム

普通、ゲームという言葉からイメージするのは、試合などを含めた楽しい時間かもしれません。しかし交流分析では、人にマイナスの不愉快な感情を与えてしまうものをゲームと呼んでいます。

⑥親交

人間同士が互いに信頼をして頼り合い、相手に対して純粋な配慮を行う関係です。この関係が成立するためには、お互いに私もOK、あなたもOKという基本的な構え（考え）を身につけていることが必須です。これらの中でもっとも内容の濃いプラスのストロークです。

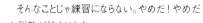

交流分析における「禁止令」

目を閉じて、子供の頃の出来事を少しの間、振り返ってみましょう。あなたは育ってきた中で、両親を含めた多くの人々からさまざまなメッセージを受けてきたはずです。その中には、「やる気」が高まるようなものもあれば、逆に「やる気」にブレーキをかけるようなものもあったのではないでしょうか。(ロバート&メアリーの)グルーディング夫妻は、「するな」というメッセージで表現される、車でたとえるとブレーキのことを「禁止令」と名付けました。禁止令は次の13種類に分類されます。あなたのブレーキは何ですか?

1 存在するな
2 成長するな
3 お前の性であるな
4 楽しむな
5 重要であるな
6 成功するな
7 所属するな
8 健康であるな
9 親しくなるな
10 感じるな
11 考えるな
12 実行するな
13 欲しがるな

そして以下は『交流分析』における「禁止令」をテニスで起こり得る場面にアレンジしてみました。

- 男子選手に対して「お前が女子選手だったらな」(男であるな)
- 「勝ちたかったら苦しい練習をしろ」(楽しむな)
- 「お前は本当に勝負弱いやつだ」(成功するな)
- 「お前には所詮できっこない」(実行するな)
- 「お前はチャンピオンになる器ではない」(重要な人物になるな/重要であるな)
- チームに入ると「利用されるだけだ」(仲間入りするな/所属するな)
- 「仲間を信用してはいけない」(信用するな/親しくなるな)
- 「もともと身体が弱いのだからできないはず」(健康であるな)
- 「コーチの言うことに黙って従え」(考えるな)
- 「理不尽なことがあっても耐えろ」(感じるな)
- 「お前なんかチームに必要ない」(存在するな/所属するな)
- 「勝つまで何も要求するな」(欲しがるな)

このように、自己表現にブレーキをかける禁止は多く存在していますが、その中の「成功するな」について説明しましょう。例えば子供の頃、試合で九分九厘勝ちを手中に収めていた試合で、最後の最後に詰めを誤り、負けてしまった少年に対して、コーチから「お前は肝心なところでよく失敗をする」などという言葉を言われ続けたとします。そうするとこの少年の心の中には、「成功するな」という無意識のブレーキがかかってしまい、接戦にはなるのですが勝ちきれない状態に陥ってしまうのです。

アクセルの踏み過ぎも事故の元

「禁止令」の反対が「対抗禁止令」、通常「ドライバー」とも言われます。ドライバーには「駆り立てるもの」という意味があり、禁止令をブレーキだとすると、対抗禁止令（ドライバー）は、アクセルだと考えてください。これは大きく分けて5つあり、子供の頃に親から躾けられたものだと言われています。以下は対抗禁止令（ドライバー）の例です。

1 完全たれ
2 他人を喜ばせよ
3 一生懸命努力せよ
4 強くあれ
5 急ぎなさい

対抗禁止令は、一見勇気を与える良い言葉のように思えますが、度が過ぎればこれも苦しくなるわけです。「一生懸命努力せよ」は、確かに素晴らしい言葉ですが、一年中、気を張り詰めていれば精神的に疲労してしまいます。

そのほか、「完全たれ」でも、完全でなければ大きな問題が起こると思いすぎると何もできなくなります。これまで私が出会ってきたチャンピオンたちは、確かに「完全」を目指してはいるけれど、決して失敗を怖がってはいません。一方、完全を求め過ぎて精神的に追い込まれる選手は、完全でなければ許されないと思って、恐怖や不安のプレッシャーに負けてしまいます。「強くあれ」についても別解釈をすれば、泣き言は一切言うな……ということになり、そう聞くだけで苦しくなる訳です。

1 完全たれ→「いい加減は良い加減」
2 他人を喜ばせよ→「まずは自分のことを一番に」
3 一生懸命努力せよ→「リラックス。休むことも練習のうち」
4 強くあれ→「愚痴や泣き言を言ってもいいじゃないか」
5 急ぎなさい→
「ゆっくりマイペース、マイペース」

参考◎
『交流分析のすすめ』
（杉田峰康／
日本文化科学社1990）

Chapter 1

自分自身の「人生脚本」

人は自分の脚本を生きている

私たちは映画や演劇を見て感動したり、悲しんだり、喜んだり、勇気をもらったりします。例えば、ハッピーエンドの物語を見ると心が和み、悲劇の物語を見ると涙が流れるほど悲しくなります。喜劇を見ればお腹が痛くなるほど笑えて明るくなり、正義の味方が悪人たちをやっつけるヒーローものを見れば勇気をもらうことができます。さてあなたは、どのような映画が好きですか？

映画や演劇には不思議な力があります。主人公となる俳優や役者の存在はもちろん大切なのですが、もっと重要なのは「脚本」です。脚本とは、映画や演劇などの仕組み・舞台装置・俳優の台詞・動作などを記したものであり、映画・放送では「シナリオ」と呼んでいます。物語は脚本家が書いた脚本にしたがって俳優や役者が演じていくので、物語の結末は脚本に従っているわけです。私たちの人生も同じことが言えそうです。

これまで、仕事柄、壁を乗り越えようと悶々と悩み続けるたくさんの人たちの話を聞いてきました。そこで気づくことは、自分特有のある種の固定的な考え方に支配され、同じことを何度も繰り返している人が実に多いということです。

それはまるで森の中で道に迷ってしまった状態です。そこを抜け出そうとがむしゃらに先進しては、気づくと結局は同じ道を辿ることになります。いわゆる〝元の木阿弥〟状態です。

『交流分析（TA）』の理論では、人は幼少の頃に、自分に関する独特なものの見方を身につけると言われています。それは人生における早期の決断でもあり、ものの考え方、見方、人生の生き方に強い力を持ちます。これらの決断は脚本という概念と一致します。実はこの脚本によ

って人生を送っていることを私たちはあまり知りません。

『交流分析』の提唱者、エリック・バーンは、TAの究極の目標は「脚本の分析」であると述べています。なぜなら脚本こそがその人の運命と同一性を決定するからです。脚本は前述したように、映画や演劇の脚本と驚くほどよく似ています。それは、登場人物に定められた配役、台詞、演技、背景を持っており、さらにクライマックスへの盛り上がりがあったあと、最後の決まりきった幕切れで終わるという筋書きまで一致しているのです。

　脚本とは、人が自分の人生ドラマの中で現在演じているプログラムです。しかも、演じている人自身は、その脚本を漠然と自覚しているにすぎず、なぜそうなってしまうのか理解ができません。その結果、必死に自分の役割を演じることに没頭している間に、現実の世界から離れてしまい、自分の本来の可能性を発揮できなくなるのです。

　その脚本は、幼少時に子供が演じた役割に関連しています。それは子供時代にプログラム化されたものであって、年齢を重ねながら固定化され、ある人はヒーロー、ある人は主人公、ある人は悪漢、ある人は犠牲者などの役を演じるようになります。そしてそれを意識することなしに、共演者を探し出して役割を演じさせるのです。

　また、脚本にはとても強い強制力があります。例えば、人生の分岐点である職業の選択、結婚、育児、離婚、人生の終わり方などの重要な場面においても従わざるをえないのです。脚本とは、まるで固定化されたものの考え方、見方、人生の生き方のフォーマットのようなものです。

脚本の診断

脚本を分析する上でまず考えることは、それが勝者「winner」であるか、敗者「loser」であるかの判別です。自分自身が現在、勝者の道を歩んでいるのか、それとも敗者への道を突っ走っているのかを分析することは、大きな意味を持っています。なぜなら『交流分析』の目的は、勝者として生きる過程を援助することだからです。

勝者「winner」の脚本を持つ人

勝者の脚本を持つ人は、人生のゴールを自分で決めます。そしてそれに向かって全力を尽くし、結局それを成し遂げる人です。勝者は、自分の考えを実行して、自分の知識を最大限に利用することを恐れません。勝者は、自分自身と他人（世間）とに対して結んだ約束（契約）を実行する人です。

勝者のゴールはPの自我状態のプログラムによって設定されますが、それを理解しコントロールするのはAの自我状態です。勝者の脚本を持っていても、長い人生においては当然失敗することもあるわけです。しかし、勝者は敗北（失敗）をしたあとに何をすべきか知っています。勝者は敗北（失敗）にめげず、この失敗は成功の糧なのだ……自分はまだまだやれる……というように自己に対する基本的な信頼感を失いません。勝者の脚本を持っている人には、次のような特徴がありますので参考にしてください。

①私はミスをしたが、もう二度と同じミスを繰り返さない。そしてもっと向上する

②なるほど、そうか、わかった

③できる、やれる

敗者「loser」の脚本を持つ人

敗者の脚本で生きる人は、目標（ゴール）を達成することができません。その多くは目的半ばで、自分に対して責任を負うことを避けてしまうからです。

敗者は、1回のミスや敗北（失敗）に遭遇すると、自分でどのようにしてよいかわからなくなります。ここで多くの場合、子供時代からの思考プログラムに従って自分と他人とをコントロールしようとします。例えば、自分をみじめな者とみなし、シクシクと泣き始めたり、思うようにならないと責任をほかの人に転嫁します。また、怒りを爆発させるなど、ヒス

テリー状態になることもあります。いわゆる他罰主義や自己弁解は敗者がよく演じるゲームの典型です。

　敗者の特徴は、現在を生きようとしないこと。いつでも過去の悪い記憶や未来への不安に心を奪われているので、常に恐れ慄いています。敗者の脚本を持っている人には、以下のような特徴がありますので参考にしてください。

①もし……でなかったら……なったのに
②こうすればよかった
③これは到底無理
④無駄

　敗者の脚本に従う人たちは、自分がつくり出した不安や恐れが原因で病気になって苦しんだり、感情的な行動がもとで失敗を繰り返してしまいます。

　そういう人たちは、自分が物語の主役（役者、俳優）であると考えてみてください。日々、一生懸命、何かに追い立てられるように努力はしているのに、と思うかもしれませんが、思いどおりにならないことはあるのです。人生脚本とは、一生の筋書きのようなもので、基本的には幼少期に自分では気づかないうちに受け取っています。映画や演劇で役者や俳優が自分勝手な台詞を言えないのと同じように、人生でも、その脚本にない生き方はできないのです。

　しかし、それでも脚本は書き換えられます。自分自身の基本的な仕組みを知り、幼少期から培ってきた、実に頑固なものであることも認め、原因を見つけていくのです。そうして脚本を書き換えていくのです。今までと違った選手になりたい、自分の夢を叶えたいなら、まず自分の人生脚本の分析を行い、自分の手で新しい脚本に書き換えていきましょう。

Chapter

「末っ子最強説」を探る

テニス男子日本代表は20人中13人が末っ子

きょうだいは、同じ親、同じ環境で育っても、性格が同じとなったり、似ているということがあまりありません。同じより、むしろ対照的ということのほうが多いのではないでしょうか。それはなぜか。きょうだいの関わり合いというのは、それぞれの人格形成に多大な影響を及ぼすものと考えられます。ここでは、きょうだいに見る性格の違いやパフォーマンスへの影響を考えてみます。

テニス男子日本代表のきょうだい構成

選手名	第一子	第二子	第三子	第四子
錦織　圭	姉	本人		
西岡良仁	兄	本人		
ダニエル太郎	本人	妹		
綿貫陽介	兄	兄	本人	
内田海智	本人	弟		
マクラクラン勉	兄	本人		
清水悠太	姉	本人		
望月慎太郎	兄	姉	本人	
島袋　将	姉	兄	本人	弟
内山靖崇	姉	本人		
杉田祐一	姉	姉	本人	
伊藤竜馬	姉	姉	本人	
守屋宏紀	姉	本人		
松井俊英	本人	弟		
松岡修造	姉	兄	本人	
本村剛一	本人	弟		
鈴木貴男	本人			
岩渕　聡	姉	本人	妹	
添田　豪	兄	兄	本人	
近藤大生	姉	姉	本人	

きょうだい関係の分類

過去の男子日本代表選手たちのきょうだい構成（表）を見ていただくとわかるように、末っ子の選手（13人）が非常に多いです。さらに言えば、姉がいる選手（11人）も多いことがわかります。

テニスだけでなく日本スポーツ界のトップ選手たちの中で末っ子を探してみると、野球の大谷翔平（兄と姉と本人）、イチロー（兄と本人）、松井秀喜（兄と本人）、サッカーの中田英寿（兄と本人）、本田圭佑（兄と本人）、フィギュアスケートの羽生結弦（姉と本人）など。ここまで男子選手ばかりで見てきましたが、女子テニスで見てみると、大坂なおみ（姉と本人）と伊達公子（兄と姉と本人）も末っ子です。

きょうだいは生まれた順序が違うことによって、育つ環境も違います。例えば、兄は大人しい性格であるのに対して、弟は荒っぽかったり、姉はおっとりしているのに対して、妹は闘志をむき出しにしたり（ビーナスとセレナのウイリアムズ姉妹が思い浮かびますね）。面白いのは、その逆が少ないことです。兄の気性は荒いが、弟や妹は大人しいというような例は、あまり聞いたことがありません。

それは、兄弟の生まれた順序と性格の間には関係性があって、ほとんど変化しないものなのです。ですから、きょうだいそれぞれの性格の特徴について紹介しましょう。

- ✓ 長子／きょうだいの中で、一番最初に生まれた者
- ✓ 末子／きょうだいの中で、一番最後に生まれた者
- ✓ 中間子／3人以上のきょうだいがいて、兄や姉、弟や妹に挟まれている者
- ✓ 一人っ子／きょうだいがいない者

これらを見ていくと、「末っ子最強説」が見えてくると思います。みなさんはどこに当てはまるでしょうか。

長子の特徴

「倫理や道徳を守る。慎重で無理をしない」

親にとって初めての子供はかわいくて仕方がないものです。愛情を一身に注ぎますが、初めての子育てですから、育児書を片手に育てているようなもの。自分の経験のすべてを与えなければならないという観念に陥ってしまいます。子供に対して、こうあってほしい、こうあるべきだ、という気持ちになりやすいのです。 ですから、親が目をかけすぎてトゥーマッチ（Too Much）になりやすいと言えます。そうすると子供はどうなるかですが、やや萎縮的傾向になり、「～しなければならない」という気持ちが働きやすくなります。

ただし、この時点ではまだ一人っ子です。弟や妹が生まれたそのときに、持っている性格が変化していきます。長子は弟や妹の存在に嫉妬し、親をとられたくないという気持ちが働きます。親の注意を自分に向けるために褒めてもらおうとし、親の言うことをよく聞く〝良い子〟になっていきやすいのです。

親は次に、ふたり目の子が生まれると、長子に対して無意識のうちに「早く自立してほしい」という期待を寄せます。「もうお兄（姉）ちゃんなのだから……」という台詞がそれで、それを言われた長子は、自分の役割を認識し、親の期待に応えたい、褒められたい、となります。かくして、良い子、しっかり者になりやすいのです。

長子の性格・行動特性

- 他人の面倒を見る
- 行動する前に計画を立てる
- あまり感情的にならない
- 行動は慎重
- 話はするより聞くほう
- 欲しいものがあっても我慢する
- 争いごとは好まない
- 他人の気持ちを察する
- 心の中は熱いが表に出さない
- 規則や言いつけをしっかり守る

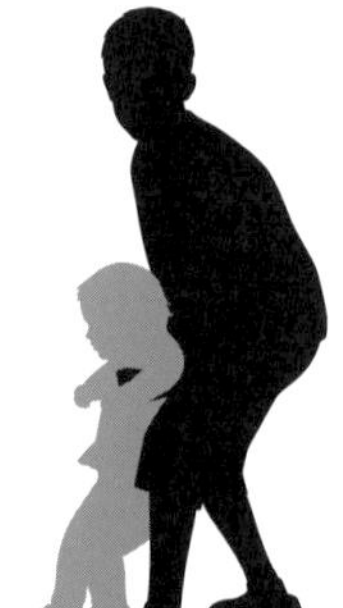

末子の特徴

「考えるより行動。チャレンジ精神が旺盛」

末子には、生まれたときからすでに兄や姉という存在がいます。彼らは目標であり、ライバルでもあります。そういう環境で育つとどうなるか。年上には敵わないけれど、負けたくないというチャレンジ精神が生まれやすいのです。親にとっても、ふたり目というのは緊張や感激が長子に比べるとどうしても薄くなります。末子はそれを敏感に感じ取り、長子よりも目立とうとします。気を引こうとするのです。

追いつけ、追い越せ、という理想的な目標――兄や姉の存在が、末子に大きなエネルギー、競争心を与えるのです。例えば、かけっこをしたときに、末子は兄や姉に負けまいと頑張ります。親はその姿勢を褒めるでしょう。長子がわざと負ける（譲る）こともあり、競争に勝つと、伸びる力、プラスのエネルギーがますます加速していくのです。

それとは反対に、兄や姉に嫌悪感を示し、エネルギーになった記憶などないと言う人もいますが、それも同じことです。反面教師にしているわけです。ああなってはいけない、ああなりたくないと肥やしにして、目標を乗り越えていこうとします。やはり影響を受けているのです。

また、親は長子に対して「早く自立してほしい」という期待を寄せますが、末子には「幼いままでいてほしい」という気持ちを無意識に働かせてしまうところもあります。まさに、そこが末っ子が甘やかされて育ち、甘えん坊となる要因のひとつです。親は長子に対しては目をかけすぎるほどかけますが、末子に対してはそれほどでもない。だから開放的になりやすく、見られていないことで伸び伸びできるようになります。

末子の性格・行動特性

- 甘えん坊
- 気が強い
- 負けず嫌い
- 考えるより行動する
- 好き嫌いがはっきりしている
- 開放的
- 友達が多い
- 警戒心が少ない
- 挑戦的
- わがままな傾向

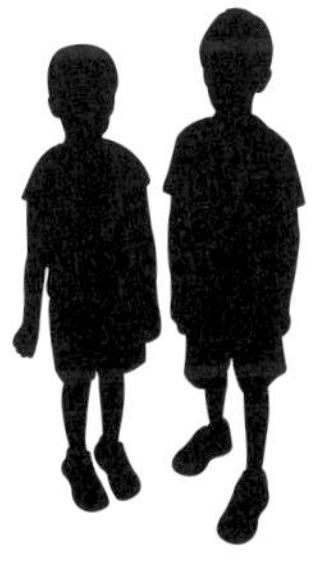

中間子の特徴

「自己主張が強い。独特な自分の世界観を持つ」

挟まれている中間子は、独特な自分の世界を持つ傾向があります。長子と末子の資質が混在している性格です。兄や姉のように一人っ子だった時間はありませんが、弟や妹が生まれたときは嫉妬もします。しかし、兄や姉の役割は長子にとられているため、親に振り向いてもらうために、ときに問題行動を起こしてしまうことも出てくるのです。人に頼らず、何でも自分一人で行動するような性格になりやすいと言えます。

また、自己主張が強く(内容がはっきりしているのが特徴)、やや反抗的な面を持っているのも中間子の特徴です。上と下に挟まれて、自分という存在を強くアピールする必要があるのかもしれません。

前述したように、長子と末子の性格が混在していることで、ある意味バランスが良いともいえます。どんな立場の人ともうまくやっていけるのが中間子。長子の気質もありますが、マイルドでもあるのです。

中間子の性格・行動特性

- 自己主張がはっきりしている
- 自分で何でも行動する
- 一見、しっかり者
- 場の空気を一瞬で読む
- おだてられるとついつい度を越す
- ユーモアがある
- 猪突猛進型
- 神経質
- 感情的になることがある
- 空想が多い

一人っ子の特徴

「競争心が少なく、おおらか。唯我独尊タイプ」

親とのつながりが一番深いのは、言うまでもなく一人っ子です。そのため、それ以外の人との関わりが希薄になりやすい面があります。兄弟がいないため、競争意識があまりなく、おおらかな心を持っています。ただ、自分が決めた目標を達成するために、並外れた集中力を発揮して突き進んでいきます。

競争意識があまりないのは、競争する必要性がないからです。家庭内では、すべてが自分のものであり、きょうだいから侵害されることはありません。長子ではありますが、弟や妹が生まれなかったために、長子としての特徴にはならず、一人っ子としての〝マイワールド〟が完成されていきます。

世の中は少子化傾向で一人っ子が増えています。そうすると競争相手がおらず、唯我独尊。誰かと競争することなく自分を高めていくことに集中していきます。芸術家などに多く見られます。

一人っ子の性格・行動特性

- わがままなほう
- 甘えん坊
- 友達が少ない
- 一人でいることが苦痛でない
- 物事に集中できる
- 競争よりも自分を高めることに興味がある
- 凝り性
- 自立している
- 特定のことに関して頑固
- 他人のことが気にならない

「兄・姉」がいる「末っ子」が最強！

きょうだいの性格・行動特性について紹介しましたが、これらの中で、どのタイプが生存競争の激しいプロの世界で力を発揮しやすいか、これでイメージできると思います。

やはり、末っ子は最強です。小さい頃から、兄や姉という目標がいて、自分よりも上のレベルで争うことが多く、競争意識が芽生えやすいのです。刺激を受ける機会、伸びるチャンスがたくさんあるわけです。ここぞというときに、なりふり構わず、自分の力を発揮しやすい特性を一番備えているのは、いつも我慢してしまう長子、バランスのよい中間子、おおらかな一人っ子ではなく、自分の我を出せる自由奔放な末っ子なのです。

末っ子以外はどうすればよいのか

さて末っ子が最強と言ってしまうと、問題が残りますね。末っ子以外は、どうすればよいのかという問題。それは、空想の中で自分の兄や姉をつくればいいのです。近所にいるお兄さん、スクールにいるお姉さん、そういった理想の存在を見つければ、問題はそんなに深刻ではありません。長子や一人っ子だからといって、悲観的になる必要はまったくないのです。それにこの話はそもそも〝傾向〟であって、絶対ではありません。末子以外は伸びないと言っているのではないので、誤解されませんように。

ちなみに、心強いデータも紹介しておきましょう。世界王者のノバク・ジョコビッチは3人兄弟の長子です。

ラファエル・ナダルもダブルス元世界1位の杉山愛さんも妹がいる長子です。ここまで言ったら、ロジャー・フェデラーはというと、姉がいて、やはり末っ子……。

これは私の考え方ですが、テニスというストレスフルな競技には、女性（お姉さんが持っている）特有のおっとりとした雰囲気と粘り強さ（粘着気質）みたいなものが必要で、もしかしたらそこからよい影響を受けているのかもしれません。ですから、最強のきょうだい構成はというと、兄・姉が両方いる末っ子が一番だと思います。

ここまで名前が上がっている中で見てみると……松岡修造、伊達公子、望月慎太郎、大谷翔平。面白い結果ではありませんか？

Chapter

2

メンタルテスト

Chapter 2

勝者のメンタリティを考えるテスト

「勝者」と「敗者」のメンタリティを知る

テスト方法

「勝者になるためのカギ」を参考に、「敗者になるためのカギ」にある①～⑪の空欄を埋めてください。このテストは心理学でいう「文章完成法」をアレンジしたものです。呈示した文章を意味の通るものに完成させて、勝者の態度、信念を学習することを目的としています。

勝者になるためのカギ

- 勝者は、勝者になるための信念を学んでいる
- 勝者は、成功と失敗は紙一重だということを知っている
- 勝者は、言葉を慎重に選んで、頻繁に自分に語りかけている（ポジティブな自己暗示）
- 勝者は、誤った思い込みや心理的刷り込みを修正する
- 勝者は、自ら判断し選択する力を持っている（自己決定）
- 勝者は、無限の潜在能力を実感している
- 勝者は、明るい
- 勝者は、未来を見据えて今を精いっぱい生きている
- 勝者は、時間を大切にする
- 勝者は、下記のヴィクトール・フランクフルの言葉に感動する

  「人間からあらゆるものを取り上げようとしても、絶対に取り上げることができないものが一つだけある。いかなる環境におかれても自分の心の持ち方を選択する自由だ。それは人間の究極の自由である」

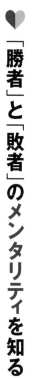

CHECK

勝者はネガティブな固定観念ができるメカニズムを知っているから、そうならないように考えて行動しています。つまり、あなたが勝者になるか敗者になるかは、あなたがどのように思考して行動するかにかかっています。ネガティブな思い込みが、あなたの自由と明るい未来を妨げていませんか?

敗者になるためのカギ

✕ 敗者は、(①)になるための信念を学んでいる

✕ 敗者は、成功するのは(②)な人であり、自分とは(③)と信じている

✕ 敗者は、言葉を選ばず、
頻繁に(④)な言葉を自分に語りかけている

✕ 敗者は、誤った思い込みや心理的刷り込みを信念として(⑤)

✕ 敗者は、(⑥)は誰かに与えられるものだと信じている

✕ 敗者は、自分の潜在能力に(⑦)

✕ 敗者は、(⑧)

✕ 敗者は、過去の(⑨)を引きずりながら生きている

✕ 敗者は、時間を(⑩)に過ごす

✕ 敗者は、下記のヴィクトール・フランクフルの言葉に感動(⑪)

「人間からあらゆるものを取り上げようとしても、絶対に取り上げることができないものが一つだけある。いかなる環境におかれても自分の心の持ち方を選択する自由だ。それは人間の究極の自由である」

●答え ①敗者 ②特別 ③無関係 ④ネガティブ ⑤持ち続ける ⑥チャンス ⑦気づかない ⑧暗い ⑨失敗 ⑩無駄 ⑪しない

Chapter 2

固定概念のメカニズム

「勝者」と「敗者」の学習のメカニズム

固定観念ができる流れは簡単です。生まれたばかりの人間は誰しもが未熟なので、親、兄弟など〝近くの大人〟の影響を受けます。そして、まだ判断能力が低いために生き延びるために、それが間違っていても受け入れてしまいます。その習慣が身につき、それが考え方と行動につながり、固定観念となっていきます。

大切なのは、ここからです。あなたが大人になったとき、誤った信念やその事実に気づくかどうかです。「これでいいのだろうか?」と自問自答できれば、自分はこうだと限定せず、いろいろなものの考え、行動をとることができるようになります。しかし、その事実に気づかなければ、そのまま自分を限定することになり、自分の枠を広げることはできません。勝者は、誤ったネガティブな固定観念の学習メカニズムを知っていて、それに修正を加えていることがわかっているのです。

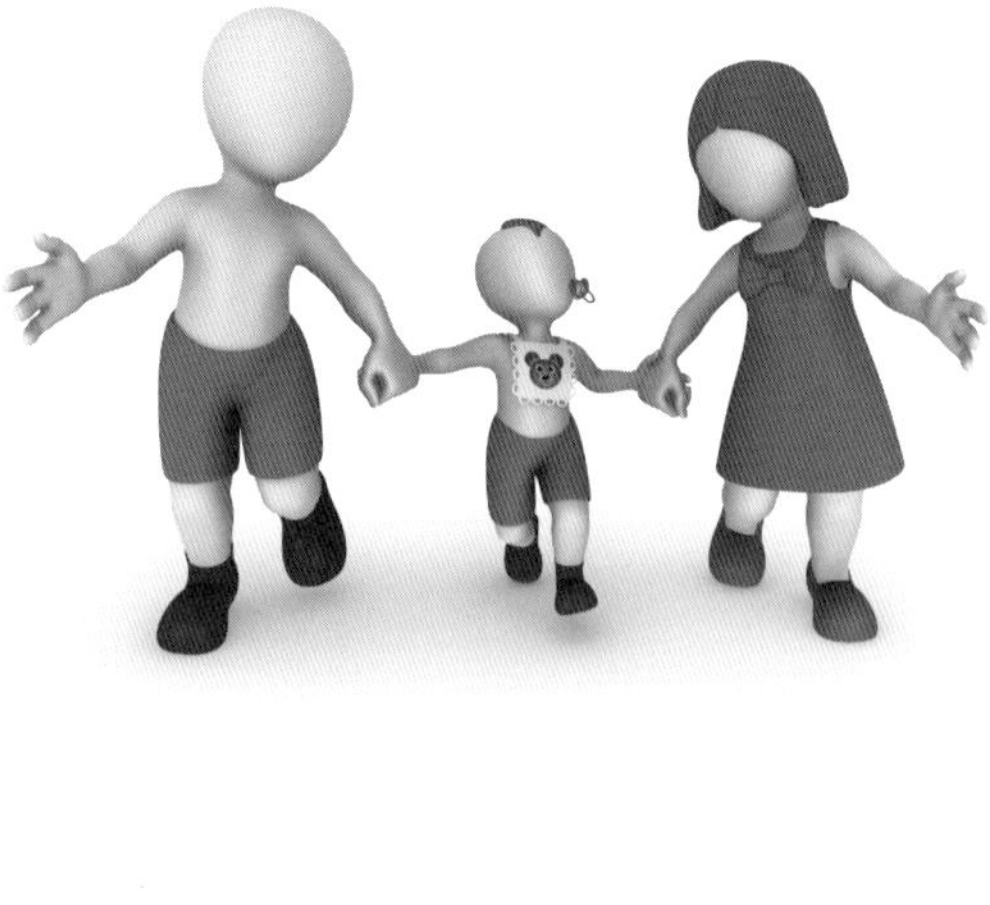

固定概念ができる流れのイメージ

第1段階

親、教師、兄弟、友人などの影響

第2段階

信念が間違っていても子供は受け入れる

第3段階

子供は潜在意識に組み入れ、
それにともない習慣を形成する

第4段階

誤った信念をもったまま大人になるが、
気づかない or 気づく・自問自答する

気づく・自問自答する

第5段階

潜在意識の中に壁をつくらず、
自分を限定しない
信念をもとに行動する

気づかない

第5段階

潜在意識の中に壁をつくり、
自分を限定する
信念をもとに行動する

Chapter 2

自己表現力につながるメンタルテスト

自分の心理特性を知る

Test 1 ジョハリの窓

自分のことは自分が一番よくわかっている。本当にそうでしょうか。イギリスの経済学者、アーノルド・トインビーには、こんな名言があります。

「現代人は何でも知っている。ただ、知らないのは自分のことだけだ」

それを確かめる方法で有名なのが『ジョハリの窓』です。人は、たくさんの人との関わり合いの中で生活しています。そこでのコミュニケーションが気づきとなり、関わり合いが成長の糧となっていくのです。1955年にアメリカの心理学者、L・ジョセフとI・ハリーは、人の心を「自分と他人」「知っていると知らない」に分けて説明しています。これが『ジョハリの窓（Johari Window）』として知られており、次の4つに分類されます。

Ⓐ 自分も他人も知っている部分＝開放の自己
Ⓑ 自分は知らないが、他人は知っている＝盲点
Ⓒ 自分だけが知っており、他人は知らない部分＝隠された自己
Ⓓ 自分も他人も知らない部分＝未知

複雑な関係の中で、自分を自由に表現するためには、まず自分の心理的特性を十分知った上で、人との円滑なコミュニケーションをとらなければいけません。さて、あなたの『ジョハリの窓』はどうなっているでしょうか？　ここでは仲間同士でテストしてみてください。自分が他人からどのように見られているかを見るものであるため、できれば親しい仲間、男女なども加味して、バランスよく相手を選びましょう。

例えば、自分では⑲慎重、と思っているけれど、他人からはそうは思われていない（C）、あるいは自分では①頭がよい、とは思っていなかったけれど、他人からはそう思われている（B）などなど、書き出された結果を確認し、自己分析し、そのことについて仲間とディスカッションを行います。そうすることで、相互理解を深めること、自己分析ができるというわけです。これは主観的に見た自分と客観的に見た自分を知ることができるため、効果的な自己分析になります。

ちなみに、人はこの4つの窓を通して人と関わり、コミュニケーションをとっています。窓の大きさは自分の意志で、どのようにも変えられるのです。AとBの窓を広げると自分が見ている自分と、他人が見ている自分の差が少なくなります。Cの窓が広いと内向的な性格になりやすく、Dの窓を広げると潜在能力が開花します。

テスト方法

❶知人を4〜10人程度集め、それぞれ紙と筆記具を用意します。
❷自分の性格だと思う要素を、下の①〜⑲の項目から複数選び、番号を紙に書き出します。
❸同じように相手の性格だと思う要素も紙に書き、その人に渡します。
全員分を書き終わると、手元に自分と相手の数だけの紙がそろいます。
❹自分が書いた番号と相手が書いた番号が重なっている場合、その番号をAに書きます。
❺相手が書いて自分が書いていない番号をBに書きます。
❻自分が書いて相手が書いていない番号をCに書きます。
❼誰も書いていない番号をDに書きます。

性格要素

①頭がよい、②発想力がある、③段取り力がある、④向上心がある、
⑤行動力がある、⑥表情が豊か、⑦話し上手、⑧聞き上手、⑨親切、
⑩リーダー資質がある、⑪空気が読める、⑫情報通、⑬根性がある、⑭責任感がある、
⑮プライドが高い、⑯自信家、⑰頑固、⑱真面目、⑲慎重

仲間といっしょに行ってください。

	自分が知っている自分	自分が知らない自分
他人が知っている自分	Ⓐ 開放の窓	Ⓑ 盲点の窓
他人が知らない自分	Ⓒ 秘密の窓	Ⓓ 未知の窓

[補足] テストの注意点は、実施グループの人数が多すぎると、あげる番号が全部使われてしまいがちになり、Dに当てはめる項目がなくなってしまいます（4〜5人がベストかもしれません）。人数が多い場合は何人の人がその項目を選んだかがわかるように、正の字でカウントすることを忘れないようにしましょう。また、選んだ人が自分以外1人など、その数が少ない場合は、ほとんどの人が認識していないとみなされるため、Dに当てはめられると考えてください。

Test 2 アサーション度チェック

テニス選手たちのプレーを観察していると、セルフジャッジなどでトラブルに発生したときに、これが明らかになります。自分の意思を伝えられない選手、逆に、攻撃的かつ強引に一方的に主張をする選手などさまざまですが、理想はもちろん、(C)アサーティブです。

ではまず、(A)アグレッシブ・タイプかどうかを判定する前に、あなたがテニスの場面において、(B)ノンアサーティブ、(C)アサーティブのどちらになるかチェックしてみましょう。以下の質問に「はい」か「いいえ」で答えてください。

アサーションとは？

アサーション(assertion)は、アメリカで開発された、自己表現が不得意な人を対象にした心理カウンセリングや心理トレーニング法で、日本では平木典子氏が紹介しました。アサーションは「自己表現」という意味があり、コミュニケーションタイプを次の3つに分類しています。

A アグレッシブ (攻撃的 aggressive)
……自己中心的な物の考えや行動

B ノンアサーティブ (非主張的 non-assertive)
……自分の意見は言わないで、
相手の言いなりになる考え方や行動

C アサーティブ (主張的 assertive)
……相手の気持ちも自分の気持ちも大切にし、
しっかり意思を伝えて、理想的な解決手段を選択し、
実行できる考え方や行動

写真はイメージ

アサーション・チェック ✓ テニス版

あなたは、コーチや友達に、自分のテニスの長所を述べることができますか?

はい □ いいえ □

あなたは、テニスの悩みを、コーチや監督などに素直に相談することができますか?

はい □ いいえ □

あなたは、自分のテニスの弱点をコーチなどに指摘されたとき、素直に認めることができますか?

はい □ いいえ □

あなたは、疲れていたり、体調が悪いとき、コーチや監督に素直に伝えることができますか?

はい □ いいえ □

あなたは、練習相手やダブルスパートナーなどをすぐに見つけることができますか?

はい □ いいえ □

あなたは、自分がミスジャッジをしたことに気づいたら、正直に認めることができますか?

はい □ いいえ □

あなたは、試合に負けたとき、その敗因を冷静に分析することができますか?

はい □ いいえ □

あなたは、自分のテニスを褒められたとき、素直に喜ぶことができますか?

はい □ いいえ □

あなたは、セルフジャッジで相手とジャッジやスコアなどが食い違ったとき、自分の主張をしっかりと伝えることができますか?

はい □ いいえ □

あなたは、新しい環境(サークルやスクールに入会)においても、すぐに周囲の人と打ち解けることができますか?

はい □ いいえ □

はい □ 個　いいえ □ 個

アサーティブ(自己表現)度 □ %(1個が10%)

「はい」が多いほどアサーティブ・タイプ、「いいえ」が多いほどノンアサーティブ・タイプとなります。(詳しい結果はテスト3のあとで解説します)。少なくとも5つ以上は「はい」(=アサーティブ)になるように心がけましょう。

アグレッシブ度チェック

テスト②では、あなたがどれくらいアサーティブかを判定しましたが、ここからは「アグレッシブ」の要素も加え、さらに細かく分析していきます。次の2つの事例で、自分がどれに当てはまるかを考えてみてください。

CASE 1

あなたは明日大切な試合があるので、いつもより早めにコートに来て、たっぷり練習をし、その後、計画通りにジムに行こうとしていました。ちょうどそのとき、A先輩がひとりでコートにやって来て、あなたにヒッティングを頼んできました。A先輩はやる気満々です。さて、あなたならどう対応するでしょうか?

A 不機嫌そうな顔で、「私はもう疲れているので無理です! 今から先輩の相手をすると、自分のコンディションが崩れるので練習できません」とぶっきらぼうに断る。

B “たっぷり練習してもうヘトヘトだよ”という気持ちを押し殺して、「いいですよ」と答える。

C 大切な試合が控えており、いま練習が終了したので、これ以上できないことを伝える。しかし、20分程度のウォーミングアップラリーならできるので、それまでに別のヒッティングパートナーを呼ぶことを提案する。

分析結果

アグレッシブ（攻撃的）タイプ

このような態度をとった場合、「お前には二度と頼まない」と怒られたり、呆れられたりしてしまうでしょう。これは、相手のことはまったく考えずに、自分本位に決断するアグレッシブ・タイプの行動です。相手の気持ちを踏みにじってしまい、恨みを買ってしまったりすることが多くなります。

A

ノンアサーティブ（非主張的）タイプ

このような態度をとった場合、先輩はあなたの体調など考えもせずにハードな練習を長時間にわたって行い、その結果、あなたは次の日の試合では疲労のため完敗してしまう、ということが起こるかもしれません。断れなかったことを後悔し、情けなく思うでしょう。これは日本人に多く見受けられるノンアサーティブ・タイプです。「頼まれたら断ってはいけない」という誤った信念があるため、常に自分より相手を優先し、その結果、自分が損をしてしまうのです。

B

アサーティブ（主張的）タイプ

疲れている自分の状態も、明日大切な試合があることも、しっかり伝えることができています。これなら、先輩との人間関係は良好のまま、試合でも好成績が期待できるでしょう。これが理想とするアサーティブ・タイプです。

C

Test 3

CASE 2

あなたは今、B先輩とダブルスを組み、全国大会団体戦の出場権をかけてライバル校と大接戦を繰り広げています。対戦校の応援も徐々にエスカレートしてきて、パートナーのB先輩はプレッシャーに押されてミスを連発するようになりました。そしてファイナルセット4—4、40—30という大事な場面で、B先輩はなんと痛恨のダブルフォールト！　さて、あなたならどう対応するでしょうか？

A 不満顔で「こんな大切なポイントでダブルフォールトですか？　こんなんじゃ、絶対勝てませんよ！」と先輩に怒りを爆発。さらに、審判に対しても対戦校の応援について、強い口調で抗議。

B 今こそパートナーに励ましの言葉をかけてあげたいと思いつつも、先輩だということもあり、実際には行動に移すことができず……。

C 「試合は終わっていません。逆転のチャンスはまだありますから、いっしょに頑張りましょう！ 私も失敗を恐れないで頑張りますので、先輩もしっかりラケットを振り抜いて、ボールにスピンをかけてみてください。絶対にできます！」と、積極的なアドバイスを伝える。

分析結果

A アグレッシブ（攻撃的）タイプ

このような態度をとった場合、怒りだけが心の中に残ってしまい、ムシャクシャした状態が続いてしまいます。自分はこんなに一生懸命やっているのに、先輩はいったい何をしているのだ……という気持ちが最初に働き、続いて怒りの矛先を相手校応援団に、そして審判にも向けてしまうというのは、感情が先行してしまうアグレッシブ・タイプと言えます。

B ノンアサーティブ（非主張的）タイプ

パートナーを精いっぱい励ましたい気持ちはあるものの「先輩にそんなことは言えない」という遠慮の気持ちが先に出ています。しかし、その結果、流れは取り戻せないまま試合終了。試合後、「あのとき、ああすればよかった」と後悔の思いに悩まされるタイプです。

C アサーティブ（主張的）タイプ

励ましの言葉をかけると同時に、自分も緊張の中で頑張っているのだという精神状態を伝えています。さらに、「スピンをしっかりかけて振り抜く」といった客観的なアドバイスは、問題解決としても有効であり、今後の先輩との信頼関係も良好になるはずです。このように、大切な試合を勝ちきるために、最善の方法を探していくことができます。

アサーティブ（主張的）になろう

アサーティブへの変換方法

アグレッシブをアサーティブに変えるには

感情を出す前に論理的思考を。怒りの原因を知れば怒りはおさまる。

自分の考え方や行動を批判されたとき、笑顔で受け止めることはあまりありません。ほとんどの人は不愉快になり、怒りの感情が先に出てくるものです。特に、攻撃的な言動や行動が表面に出てくることをアグレッシブと言います。ダブルスでパートナーのミスに激怒し、試合中にもかかわらずコミュニケーションをとらなくなるケースを考えてください。それは「I am OK, You are not OK」にポジション。自己肯定・他者否定的な考え方であり、自分勝手で相手に対する思いやりを欠いた自己中心的な状態です。アグレッシブをアサーティブにするには、下記のようなことを実践してみるとよいでしょう。

❶ 出来事に対して感情的に判断するのではなく、客観的にかつ原因を追究するよう心がける

「ミスをした」→「腹が立つ」→「負ける」→「悔しい」ではなく、「ミスをした」→「なぜミスをしたのか」→「打点が低い」→「打点を高く」→「エースが取れる」→「勝つ」→「うれしい」というように論理的思考を優先させる。

❷ 怒り度を客観的スコアに変換して評価してみる

この怒りを数字で表すとどれくらいか、という怒り度メーター（10段階評価）を作成する。かなり高い怒りを感じても、それを数字に置き換える作業によって冷静になることができる。

❸ いま沸いている怒りが、5分後、1時間後、3日後、3年後……にどういった影響が出てくるかを考える

一時の感情や損得感情だけでなく、「I am OK, You are not OK」のポジションに立ち、自他ともに認め合う考え方が、自己表現するための鍵となる。

テニスにおいて、「アサーティブ」であることの重要性はおわかりいただけたと思います。
では、アサーティブになるためには、どうすればいいのでしょうか。
アグレッシブ、ノンアサーティブからの変換方法をご紹介します。

ノンアサーティブをアサーティブに変えるには

断りや反論は悪いことではない。自分と相手が尊重し合うためのプロセス。

ノンアサーティブの人は、自分の意見を言うことで、相手を傷つけてしまうとか、目上の人には無条件で従わなければならないという思い込みがあります。ライフポジションから見ると「I am not OK, You are OK」、つまり自己否定・他者肯定で、相手の言いなりになっていることが多いようです。

「これは無理です」「できません」の言葉は、決して悪いことではないことを知ってください。無理して引き受けた結果が失敗に終わり、あなたも相手も被害をこうむるようなことがあれば、結局、後味の悪いものになってしまいます。従って、相手の勢いに押されて、場当たり的に乗りきるのではなく、自分の能力や状態、そして、その後どうなっていくのかを客観的に判断して行動することが大切です。無理な要求に対して断りや反論をするということは、相手も自分もともに尊重することにつながるのだ、ということを理解しましょう。また、あなたの行いや能力を褒められたとき、「いやいや、大したことはありません」「まぐれです」などと言わず、素直に喜びましょう。遠慮や謙遜は、心理学的には「値引き」と言い、損をする考え方です。

Test 4 心の三角形

Q

空欄の中に、
今のあなたをイメージしながら
三角形を書いてください。

あなたの三角形はどんな形になりましたか。三角形は心の状態を投影しているともいわれ、例えば正三角形や平べったい鈍角三角形を描いた人の心の状態は、比較的安定している場合に見られるようです。一方、鋭角三角形を描いた人の心の状態は、攻撃性や不安が投影されているケースが多いようです。

では今度は、全国大会の決勝戦や、団体戦でチームの勝利がかかった試合の直前をイメージして、三角形を描いてみてください。どのような形になりましたか?

実際に、このテストをプレッシャーのかかった場面で行うと、非常に鋭角で、その頂点が紙からはみ出してしまっているような三角形を描くことが多いようです。これは、緊張でイラついていたり、不安定な心理状態にあるサインです。

こうなった場合、落ち着け、落ち着けと心の中でいくら唱えても効果がありません。そんなとき、三角形の頂点を自分の頭だと思って、その頂点をどんどん下げていくようにイメージしてみてください。心の中に描いた鋭角な三角形が、正三角形や二等辺三角形になると、精神的にも安定してくると同時に、体全体の重心も下がり、地に足のついたプレーができるようになります。

これは、自分だけでなく、他人にも同じように使うことができます。試合中、ダブルスパートナーが落ち着かなかったり、緊張のあまり打てないなどの混乱状態になったら、「落ち着け」とか「重心を下げろ」といった直接的な助言をする代わりに、この〈心の三角形〉をイメージさせ、その頂点を引き下げるようにアドバイスしてみてください。選手の意識を試合から切り離し、三角形というイメージしやすい形に集中させ、選手の複雑な心理状態を三角形に投影させる――この方法は、意外なほど効果を発揮します。

Chapter

目標を書き出す

あなたは次の図に自分の目標を書き出すことができますか?

Test 1

目標達成図の作成

次の方法で表に自分の目標を書き込んでください。その目標を達成するために必要なこと、やるべきことを書いていきます。

❶ 縦横9(3×3)、合計81のマス目を書いた用紙を用意します。

❷ 最初に、自分の一番大きな夢、目標を中心(中央部分)に書き込みます。

❸ その目標を達成するために必要なこと、やるべきことを、その目標を取り囲むように8個書き入れます。

❹ その8個を隣りのマス目の中心にふたたび書き込み、同じようにその目標を達成するために必要なこと、やるべきことを、その周囲に8個書き込んでください。

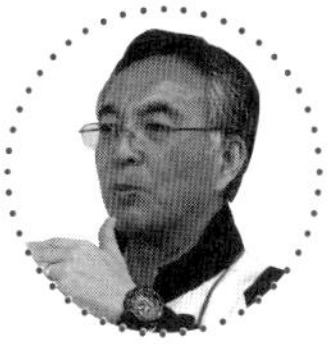

簡単でOKですので
自分の気持ちを
素直に書き込んでみましょう。

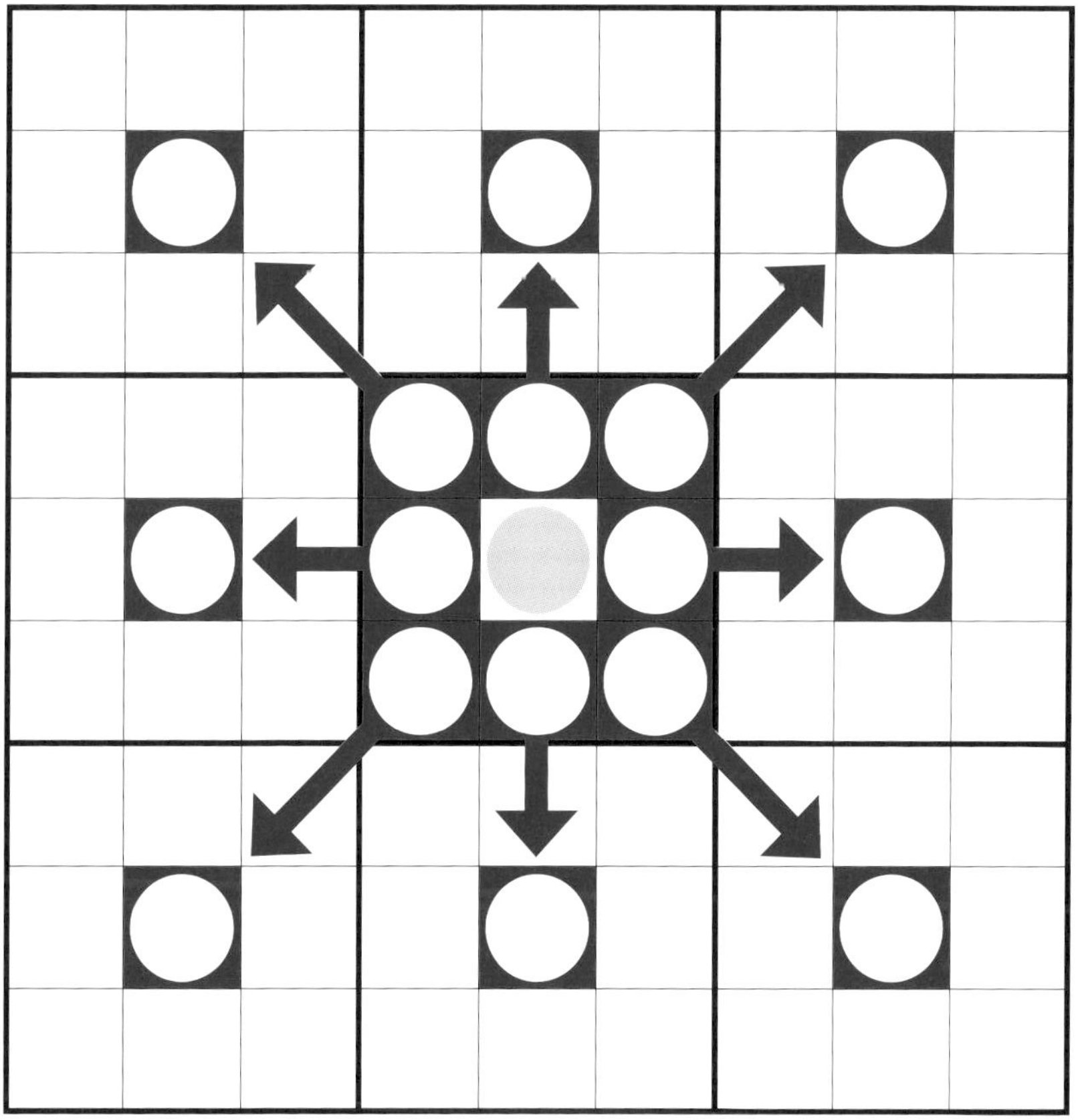

あるプロテニス選手の目標達成図

予測力・判断力	サーブ速度・回転	ネットプレー	恩師	スポーツを愛する人々	テニスを愛する全ての人々	謙虚	誇り	信頼
バラエティーショット	打球スキル	ドロップショット	コーチ・トレーナー	サポーター	友達・仲間	主義主張	人間力	自他共存
ボールの威力をつける	軸を安定させる	再現性	対戦相手	家族	スポンサー様	学び	助け合い	感謝
整理整頓	思いやり	用具を大切にあつかう	打球スキル	サポーター	人間力	自分のパフォーマンス評価	コートの種類	国内
お礼の連絡	運	笑顔	運	グランドスラム出場	試合の選定	時差	試合の選定	アメリカ
言葉使い	一日一日の振り返り	時間を大切にする	戦術	フィジカル	メンタル	アジア	ヨーロッパ	南米
ゲーム分析	対戦相手の分析	無駄な失点をしない	スピードトレーニング	睡眠・休息・栄養	筋力アップ	怒りの原因	忍耐力	ガッツポーズ
弱点と武器	戦術	ドロップショット	スタミナトレーニング	フィジカル	上半身のトレーニング	思考の方法	メンタル	集中力をつける
リズム	ネットプレー	ロブ	下半身のトレーニング	バランストレーニング	柔軟性のトレーニング	感情のコントロール	メディテーション	メンタルトレーニングの本を読む

目標達成図を完成させることで、
具体的にやるべきことが見えてきます。
この作業を通じて、
自分にとって必要なことが理解でき、
人が見ている、見ていないに関わりなく
主体的に実行することができるので、
成長の糧となるのです。

目標達成図を作って自分を知り、心をシンプルにする

みなさんは、どんな目標を書き込んだのでしょうか。スラスラと書き込んでいった人もいれば、なかなか書き込めず、マス目が埋まらなかった人もいると思います。

ここにある目標達成図は、現在プロツアーで活躍している、あるテニス選手のものです。一番の中心は「グランドスラム出場」。これは「世界ランキング100位」を意味します。そのために必要なこと、やるべきこととして「人間力」「サポーター」「運」などを書き込んでいることに驚きます。

これまで目標達成と言うと、短期目標があって、長期目標があってというように、やや漠然としたイメージで目標を立てている人が多かったのではないでしょうか。テニスのプロになるなら、何歳で世界ランク300位、何歳でグランドスラム出場という具合です。しかし、本当に大切なのは、その中身です。そのためには具体的にどんなことをするべきなのか。それを知るのが、考えるのが、この目標達成図のよいところです。より具体的に掘り下げることができるので、自分を知ることにもつながります。書けなくても、それはまた自分を知ることにもつながっているのです。周囲の人に意見を聞いても問題ありませんから、図を完成させてみてください。

この選手は「運」をつかむためには、「思いやり」「笑顔」「お礼の連絡」が必要だと書き込んでいます。相手を思いやること、笑顔を絶やさないこと、よくしてもらった人へのお礼の連絡を忘れないことで運は巡ってくると考えていました。

Test 2

成功する人の資質チェック

あなたは成功する資質をどれだけ持っていますか?
次の質問に「YES」「NO」で答えてください。

Q1	あなたは直感やひらめきがあるほうだと思いますか?
Q2	あなたは自分の頑張りや努力に、 辛さや苦しさを感じることは少ないですか?
Q3	あなたの周囲にはあなたが尊敬できる人がいますか?
Q4	あなたは人の話を聞くのが好きですか? それを素直に聞き入れるほうですか?
Q5	あなたは笑顔が多いほうですか?
Q6	あなたは感謝のできる人間ですか?
Q7	あなたは自分のできること、 できないことを知っていますか?
Q8	あなたにはビジョンや使命がありますか?
Q9	あなたはスランプ(停滞)を前向きにとらえられますか?
Q10	あなたは運がよいですか?

YESやNOでなくても、
100点満点中どれくらいかという
答え方でも大丈夫です。

Chapter 2

これが成功者の秘密

10の共通点がある

みなさんに質問した10の質問は、実はすべて成功する人の共通点なのです。すべてがYESだったなら、あなたには成功する資質が非常に備わっていることになります。

「メンタルを強くしたい」「自分に自信が持てるようになりたい」という相談をよく受けます。しかし、本当にメンタルが強い、自分に自信がある選手（周囲がそういうように見ている選手）は、そういう考えをしていません。

「自分の力を発揮しよう」「自分の力を出しきろう」「自分を鍛えよう」とシンプルに思っているだけです。結果だけを追い求めすぎると、正しいことが見えづらくなります。目先の結果ではなく、自分の全力を尽くすことを一番に考えるのです。

ファイナルタイブレークのポイント2－5と追い込まれたとしましょう。「やばい、負けたらどうしよう」と結果を考えるのではなく、「よし、1ポイント1ポイント取って、このピンチを乗り越えるぞ！」と強い気持ちを持ち、全力を尽くすことを心がけるのです。

共通点 1

センス・ひらめきがある～本を読む

成功者は感性が豊かです。感性はセンスやひらめきを生み出します。それらを磨くためには鋭いアンテナで質の高い情報に触れることが大切なのです。成功者の情報源は「本」であることがわかっています。本は著者の思考・知識が体系立てられ、わかりやすく構成されています。その情報に時には賛同し、時には批判的な意見を持ち、自分の思考の引き出しを増やしていくのです。また、その過程において情報を捨てる行為を学んでいきます。そして情報を整理し、知恵や知識に変えていくのです。

共通点 **2**

自分自身、頑張っている認識がない

成功者は、自分はこんなに努力しているのだ、頑張っているのだ、という認識を持っていません。極端なことを言えば、喜びを感じています。そして過去にこだわりません。すでに成し得たもの、地位・名誉・お金に関して無頓着と言っても過言ではないでしょう。いわゆる「内発的動機」が優位で、やっていること(仕事など)のすべてが楽しくて没頭しています。うまくいったこと、失敗したこと、楽しさ、苦しさ、休息や癒しまで、やっていることですべてを成長の糧としています。だから、その状態が当たり前化(生きていることと同じ)であり、頑張っている、努力しているという感覚がないのです。

共通点 **3**

スーパーバイザー(師匠)がいる

成功者には身近に厳しい意見を言ってくれる人がいます。理解者であったり、指導者や師匠だったり、部下や弟子、ライバルや反面教師もそうです。成功者の立場や自己認識によって変わってきますが、人は入れ替わっても感化=刺激を受ける人がいなくなることはありません。これは予め用意されているわけではなく、成功者自身が見出すものです。言い換えれば、成功者は自分自身をより高みへと導く人をピックアップする能力があります。だから素晴らしい人と出会い、チャンスをつかむのです。

共通点 **4**

学ぶ能力(思考的柔軟性や教養)がある

成功者は自分の専門以外にも興味を示します。多様な思考に触れて成長していく過程からか、成功者は人の話を聞くのが好きな人が多いようです。しかも、その話を固着した自分の考えや思想などから否定的に聞いたり、初めから懐疑的に考えたりすることをせず、素直に聞いて取り入れ、自身の感性に合致したものは直ちに実行に移します。いわゆる学ぶ能力があります。また、失敗しても他の責任要因ばかりに目を向けずに自分自身に向けて失敗要因を考え、次に生かします。その姿勢が周囲の共感を生むのです。

共通点 **5**

形（笑顔や姿勢）ができている

「健全な精神は健全な肉体に宿る」という言葉があるように、成功者はそこにいるだけで独特な雰囲気があるものです。いわゆるオーラといわれるその形ができていることも特徴のひとつです。その形とは、姿勢や表情であり、一言で言うなら笑顔です。成功する人は明るく元気で、いつも楽しそうです。その雰囲気に惹かれて多くの人が集まってきます。心の成熟も必要ですが、それ以上に大切なのが周囲に影響を及ぼす雰囲気なのかもしれません。

共通点 **6**

常に感謝の気持ちを持っている

成功者は、すべてのことに感謝のできる人です。現状に満足せず、進化を続けていくためには現状をしっかりと見つめ直して、次のステップを目指さなくてはいけません。今の自分があるのは先祖代々、両親から与えられた尊い命を自分が受け継いでいることを認識しています。その根源にあるのが感謝です。感謝できる人は心が純粋で余裕があります。決して周囲と比較することなく、自分自身の人生にある豊かさや幸せを振り返り、すべてに感謝することができるのです。

共通点 **7**

身の丈を知っている

成功者は多くを求めず、自分のキャパシティを知っています。言い換えれば、身の丈を知っているのです。だからこそ、それが一番動きやすく、成長しやすい。そういうことが理解できているのです。例えば、目標を成し遂げるスキルとして、目標に向かって一歩一歩確実に歩む姿勢で挑みます。ひとつの目標が達成されると2つ目、3つ目と拍車がかかります。しかし、身の丈を知らないと、あれもこれもになってしまい、結局はすべてが中途半端になることが少なくありません。

共通点 **8**

ビジョンがある

行動することは大切です。行動なくして結果（成功）はついてきません。しかし闇雲に行動してもよい結果は生まれてきません。重要なのは自分が目指すもの。そのビジョンを持って行動しているかどうかです。ビジョンには目的や戦略が必要になります。ビジョンを練る方法としてゴールから逆算してみたり、力（他人の力も含む）を模索したりして、自分の思い描く理想に近づくための手段を考えます。

共通点 9

プラトー・スランプ(停滞期)を恐れない

目標に向かいビジョンを持って行動すればするほど、よい結果がほしくなるものです。最悪の結果でも、それがわかれば修正できるのですが、何の進歩も発展もない時期もあるでしょう。いわゆるプラトー・スランプ(停滞期)です。実はこの状態は何の進歩もないように見えて、心の深いところでは沸々とマグマが燃え上がっているのですが、目には見えず手応えがないために不安になってあきらめてしまうのです。成功者はプラトー・スランプ(停滞期)を逆に伸びる前兆だと考えて恐れません。この感覚は、それまでに積み重ねてきた成功と失敗の体験を自分のものにしてきた経験値ともいえます。

共通点 10

「運」を持っていると感じている

成功者は必ず「自分には運があった」「自分は運の良い人間だ」と言います。「自分はいつも運が悪い」と言った成功者など聞いたことがありません。世の中には実力は十分備わっているのに、タイトルに手が届かない無冠の帝王はたくさん存在します。成功者たちは目標を達成するためには、実力だけでなくプラスαが必要なことを知っています。プロテニス選手が「運」をつかむために実行したこと(84ページ)を参考にしてみてください。

参考◎『成功はどこからやってくるのか?』(岡本吏郎著/フォレスト出版)

自分は死ぬほど頑張っている。
誰よりも努力している。
眠る暇もないほど働いている。
大げさに口にする人ほど
たいしたことはしていません。
成功者は常に謙虚であり、
今に全力投球をしています。

Chapter

3

勝者に共通する考え方

Chapter 3

「環境」が「場」が人をつくる

与えられたチャンスは逃すな！

「会社から事務所に呼ばれて急にヘッドコーチに就任してほしいと言われました。大きな評価をしてもらって本当にありがたいのですが、自分にできるかどうか不安で迷っています。どうしたらいいでしょうか？」

あるテニスコーチから、こんな相談を受けました。そのコーチは本当にテニスが大好きで、教えることが大好きで、時間さえあればいつも熱心にテニスの勉強をし、より良いコーチになろうとしていることを私はよく知っています。その頑張りが会社から認められたのです。私は彼に聞いてみました。

「ヘッドコーチにはなりたいの？　それともなりたくないの？」

「いつかはなりたいとは思っていますけど、まだ早いというか、心の準備ができていないというか……」

「そう。じゃあ聞くけど、いつだったら早くないの？」

「それは……」

私はすかさず答えました。

「今なんじゃないかな。少なくとも会社はそう思っている。だからヘッドコーチになってほしいとお願いしてきたのだと思うよ」

「それは本当にありがたい話だと思っているのですが……」

やりたくないわけではない、むしろやってみたい。ただ、今の自分ではまだ務まらないし、かえって会社に迷惑をかけてしまうのではないか。そのコーチが出した結論は、簡単に言えば〝時期早尚〟でした。

気持ちはわかります。迷惑をかけたくないし、失敗もしたくない。今のままで十分に満足している。自分で自分に強いブレーキをかけているのです。みなさんにも同じような経験があるのではないでしょうか。

環境が、場が、人をつくるとよく言われます。新しい役割を任せられた人物が、最初は周囲も、それこそ本人も「とても無理だろう」と思っていたのに、どんどんと飛躍し、成長していくことは決して珍しいことではありません。その役割を任され、何とか頑張ろうと日々努力していくうちに、その役割にふさわしい人物へと近づいていくのです。

「できるか、できないかを考えるのではなくて、やるか、やらないか、だよ」

　私はそう言って、元日本女子代表監督の土橋登志久さんの話をしました。土橋さんは監督の打診をされたとき、非常に驚いたそうです。その頃はフランスにテニス留学中で、早稲田大学のテニス部監督も務めていました。それでも「やらない選択肢はなかった」と答えています。その理由は次のようなものです。

「打診を受けたときに、こうだからできない、と考えるのではなく、やるんだったら、どういうことが起きて、どうなるかを考えました。やることを前提に考えないと、やれない答えも出せない。そういう意味です。もちろん不安な部分もありましたが、そこが膨らんでも前向きに考えました」(テニスマガジン2016年1月号インタビュー記事より)

　やらなくて後悔するなら、やって後悔したほうがいいとよく言われます。それはやった経験が、必ず自分にとって大きな財産となり、次への糧となるからです。

　相談してきたコーチはその後、ヘッドコーチとしてスタートを切りました。「やることが多くなりました」と笑っていましたが、やりがいを感じているようで、いい表情をしていました。

チャンスをつかんで「一皮むける」

2016年9月に大阪で開催されたデビスカップ『日本対ウクライナ』戦は、錦織圭選手がシングルスを欠場したことで、ダニエル太郎選手と西岡良仁選手の2人がシングルスに起用されることになりました。もちろん錦織選手が出場していても、2人のうちどちらかはシングルスで出場していたはずですが、大エースのシングルス欠場に2人の気持ちが「やってやる！」と燃えたことは言うまでもないでしょう。

もしこのとき、2人がチームに迷惑をかけたくない、負けたくないという気持ちから、こんなことを言い出したらあなたはどう思いますか？

「錦織選手の代役なんて、とても務まりません」

「僕が出るよりも、やっぱり錦織選手が出たほうがいいと思います」

私が監督だったら、もう次からこの選手は選ばないでしょう。監督がベストの決断を下し、「お前で勝負だ！」と言っているのです。大チャンスなのです。できるか、できないかではなく、やるか、やらないか。そこで、やらないを選択してしまうような選手に次のチャンスなどありません。

ただ、環境や場を与えることは大切なことですが、そこで誰もが成長していくと考えてはいけません。その役割、場の重圧に押し潰されてしまう人もいるでしょう。だからこそ監督やコーチといった指導者は、そこをしっかりと見極める必要があります。ただの〝無茶ぶり〟では時間と労力の無駄でしかありません。

当時の監督だった植田実さんは、ダニエル選手と西岡選手なら、やれるはず、やってくれるはずという信念があっての起用だったと思います。前述したテニスコーチが務めていた会社も、彼なら十分にヘッドコーチが務まるし、その資格があると判断しての打診だったと思います。

ダニエル選手も西岡選手も勝利をおさめ、しっかりと期待に応えました。メインコーチも充実した日々を送っています。それぞれが活躍の環境、場を与えられ、やる気をみなぎらせ、そのチャンスをものにしたのです。「一皮むける」という言葉がありますが、それがぴったりだと思います。

チャンスをつかむ人とチャンスを逃す人の差は、まさにここにあります。活躍の環境、場を与えられたときに、それを自分のものにできるかどうか。ここがポイント、勝負どころなのです。

プロの世界は、その象徴かもしれません。プロ野球ではレギュラーの選手が故障すると、そこで違う選手が抜擢され、目覚ましい活躍をすると、そのままレギュラーに定着してしまうことがよくあります。

自分にはまだ早い。周囲に迷惑をかけたくない。失敗だけはしたくない。今のままでいい。そういう人は、できない、やれないではなく、やってやろうという気持ちがないのです。だからなかなかチャンスをつかめないのです。繰り返しますが、できるか、できないかを考えるのではなく、やるか、やらないか。さらに言えば、やるしかないのです。その覚悟を決めましょう。

重みのあるヘッドハンターの言葉

優秀な人材を外部から引き抜き、自社に誘う、入れることを、ヘッドハンティングと言いますが、それを実行する人、ヘッドハンターから聞いた興味深い話を紹介しましょう。

「今の会社の給料の2倍を出しますから、うちの会社に来ませんか?」

声をかけるときは、そんな破格な好条件を提示し、相手の反応を見ながら、こう聞くのだそうです。

「今の会社は不満ですか?」

実は、この質問がポイントです。ヘッドハンターが本当に欲しい人材というのは、ここで不満を爆発させない人なのだそうです。給料が安い、上司が自分を認めてくれない、残業ばかりでやっていられない——今すぐにでも会社を移りたいと言う人に対しては魅力を感じないそうです。「改めて後日また連絡します」とだけ伝えておいて、そのまま連絡をしないそうです。そういう人は会社を移っても最初は頑張るかもしれませんが、慣れてくると同じ不満を繰り返すからだと言います。

「今の会社に１００%とは言わないけれど、特に大きな不満はない。今までここでお世話になり、育ててもらった。今の自分があるのは、この会社で頑張ってきたから。いくらお金を積まれたとしても会社を移る気はない」

ヘッドハンターが欲しがるのは、こういう人材だそうです。私が長年研究している『交流分析理論(TA)』では、成功者は「自他共存」、つまり「I am OK, You are OK」のライフポジションに立つと述べています(48ページ〜に関連)。自分だけでなく、環境や他人の存在価値を認めることのできる、ものの見方・考え方・人生の生き方が成功の基礎なのです。

ヘッドハンターたちは、過去の経験から、こんな気持ちを持っている人こそ、新しい環境、場になってもしっかりと力を発揮し、会社のために働いてくれるのだと言います。そしてそういう人材を口説き落とすことが、自分たちの仕事なのだと……。

Chapter

思い込みを変える方法

頭が固い人間からの脱却

「私にはこれが限界、絶対にうまくならない……」

「自分には才能がないので、これ以上やっても結果は同じ……」

「こんなに練習しても勝てないのは、僕のメンタルが弱いから……」

まったく同じとは言わないまでも、このような台詞を聞いたことはないでしょうか。そうじゃないと思うよ、と言っても、「そうですか？　でも……」と、当の本人はなかなか受け入れず、そう思い込んでいます。こうした思い込みはなぜ起きるのでしょうか。

思い込みは、自分の経験を自分で評価した主観的な結果です。自分がこれまで積み重ねてきたもの、過去の経験や知識に基づいて判断しています。例えば、「いつも運が悪い」と思い込んでいる人がいるとして、本当にいつも運が悪いかどうか詳しく分析していくと、それが本当かどうか疑わしいということがわかってきます。

人間は、自分の描いたイメージに従って行動し、加えて安住の地（今までどおり）を求める傾向が強いです。無意識のうちに自分の居心地のいい場所を求めます。思い込みとは自分の描いたストーリーですから、そのストーリーに従って動くということはとても安定した状態なのです。

あなたの近くにもいませんか？「私にはできない……」「私には無理……」と言う人。努力できる人の思考回路では、今は苦しいけれど、これを越えたら楽になる、ということを知っています。苦しい分、その先にまた楽しみ（達成感）があることも経験しているのです。ですから、その先のイメージが湧きます。車でたとえるなら、ややアクセルを踏み込んで走っていく状態です。でも、努力しない人間というのは安定感を求め、アクセルはそのままです。自分ができるというイメージも湧かないので、何もそこまで無理をしなくてもいいという気持ちでいます。

思い込みは怖い

　思い込みを取り除く方法のひとつに、『リフレーミング』というものがあります。写真のフレームと同じで、自分がものを見る際、考える際には、誰もが自分のフレームを通して見ていますが、そのフレームを変える作業がリフレーミングです。

　フレームを変えると見方も変わります。自分はこうなんだという見方を変え、別の見方ができるようになる。有名なたとえ話ですが、コップに半分のビールが残っているとして、ビールが大好きな人は、もう半分しかないと思うでしょうが、ビールが苦手な人なら、まだ半分も残っていると思うはずです。「もう」と「まだ」では、見方がまるで反対です。また、家族で食事をするときに座る場所は決まっていると思いますが、その場所を変えてみてください。ものの見え方が変わり、気持ちや思考も変わってきます。

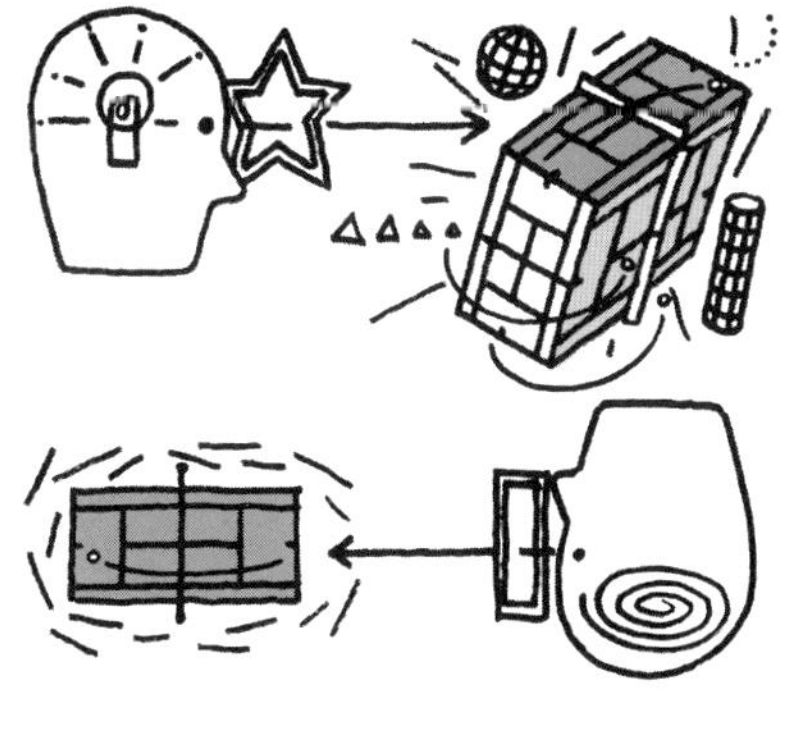

　前述したように、人間は自分の過去の知識や体験に基づいて思い込みを働かせてしまいます。そして、その自分の思い込みだけで物事の良し悪しを判断してしまうことが少なくありません。それをリフレーミングで入れ替えていきます。ビールは「もう」半分ではなく、「まだ」半分ある。別の見方をすることで、思い込みを払拭していきましょう。
「私にはできない……」「私には無理……」と考えている人が、リフレーミングを用いて違う見方ができるようになると、ネガティブな思い込みが「こうすればできるかも」「これならやれるかもしれない」とポジティブな考えに変わることは十分に考えられます。自分のフレームでしか物事を考えられないと、思い込みの泥沼に入って行き詰まってしまいますが、自分の見方、視点、軸を変えてやると見えてくるものがあるのです。
　履歴書を書くときを想像してください。長所・短所の記入欄で、短所は書けるのに、長所は書けないという学生がいます。長所、長所、長所と考えても思い浮かばないなら、視点を変えて、すぐに書ける短所から長所を考えてみればいい。気が小さいのが短所なら、それは注意深いという長所にもなるし、優柔不断は慎重であると言い換えることもできます。

思い込みを変える「アファメーション」

ある日、私の元に一通のメールが届きました。「私は生まれつきの超ネガティブ思考です。何とか直したいです」という内容でした。

この方も自分は超ネガティブと思い込んでいる節がありますね。こういう方に、まずするべきことは心を開かせること。「あなたは決してネガティブではありません」と訴えても心は開きません。相手は否定された気になるでしょう。私はその方に、まず「ネガティブな思考を持つことは決して悪いことではない」というメールを送りました。その後に「生まれつきと言いますが、いつ頃からなのですか？」「超ネガティブというのは、例えばどんなことですか？」という質問を投げかけました。人の言葉には省略があり、歪曲があり、それを一般化したがる傾向があります。私の質問はそれを浮き彫りにする作業です。そうすることで思い込みを少しずつ払拭していくわけです。会話が生まれ、信頼関係ができて心が開かれていけば、それが可能になっていきます。

ただ一番大切なことは、当の本人がどこまで本気で自分を変えたがっているかということです。自分を変えられるのは自分しかいません。いくら周囲がサポートしても、本人にその気がなければ決して変われないのです。超ネガティブという思い込みを払拭することはできません。しかし、悩めるメールを送ってきたということは、変わりたいという意志の表れでしょう。

思い込みを取り除く、もうひとつの策として「アファメーション」があります。いわゆる〝自己宣言〟で、自分の夢や希望、そして目標を、弱気で凝り固まった頑固な心に言い聞かせ、断言し、強い気持ちを持って臨むことです。

例えば、自分はできないのではなく、できると言い聞かせます。前向きな言葉を繰り返すことで自分を奮い立たせるのです。悪い思い込みを封じる効果もあります。自分はこうなんだと思い込んでしまっていると、そこから決して無理をしないことがあります。でも、本当に変わりたいのなら、そこから動き出さなければならない。そのときに「アファメーション」は大いに役立ちます。具体的な自己宣言、例えば、3ヵ月後に誰々選手に試合で勝つ、と言うのもいいでしょう。しかし、もっと大切なのは、勝つために具体的にどんな練習をするのかまで宣言

することと。そうすることによって誰々選手には勝てないという思い込みが払拭できるはずです。
もちろん、言うだけなら誰でもできます。断言したからにはそれを行動に移すことが重要です。それもつまりは、どれだけ本気でそう思っているか――そこに尽きます。

メンタルトレーニング 自分の行動を変える訓練

自分の机の上が汚くて、きれいにしたいとは思っていても面倒で、つい放置してしまいます。次の日も同じ。また次の日も……。そうするといつまで経っても机は汚いままです。

この繰り返しからの脱却は、汚い机の上を見たあと、きれいに整理された机の上をイメージすることにあります。そこで「机がきれいだと気持ちいい。さあ、今から片付けよう！」と前向きな言葉を自分に発し、整理整頓にとりかかるのです。

汚い机の上と面倒くさい気持ちがセットになっていますから、まずはそこを切り離さないといけません。きれいに整理された机の上をイメージできるかがポイントです。そこで自分の行動が変わります。行動が変われば、次は周りの見方が変わってきます。そうやってどんどんチャンスが膨らんでいくのです。

◀「こうなりたい」とイメージする

汚い机と面倒くさい気持ちがセットになっているので、そこをまず切り離し、きれいに整理された机をイメージできるかがポイント

Chapter 3

感情のコントロール法

敵は相手ではなく我にあり！

　大事な試合（仕事）が近づいてくると、急に気持ちが揺れ動いたりすることはありませんか？

　準備はしてきたし、大丈夫、なんとかなる。考えても仕方がないし、出たとこ ろ勝負。そんなふうに思う日がある一方で、本当に大丈夫だろうか？　何か大事なことを忘れてはいないだろうか？　そんなふうに不安にかられる日もあると思います。また、昨日の自分は、なぜあんなに大丈夫だなんて思っていたのだろう……なんて思う日もあったり。それでも、大丈夫と明るくなったり、でもやっぱりと暗くなったりの繰り返し。こうした気持ちの揺れ、アップ＆ダウンはどうして起きるのでしょうか。ずっと平常心でいることはできないものなのでしょうか。

　人間ですから気持ちの浮き沈みはあって当然です。誰にでもあります。ですから、大丈夫という気持ちをずっとキープするというのはなかなか難しいことです。ただ、できればその気持ちの浮き沈みの波を小さく緩やかにしたいですね。

　その波を大きくしているのも小さくしているのも、自分自身です。芽生えてしまった不安という種に、自らせっせと水を与えてわざわざ膨らませた挙句、考え込んでいては世話はありません。

　しかし時間、すなわち間があるとそうなりやすく、どうしてもいろいろと考えてしまいます。例えば論文の提出の際に期限日よりも早く仕上がってしまうと、これで本当にいいのかなと不安になり、

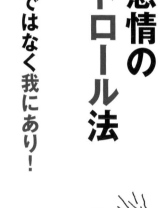

出来上がっているのにわざわざ見直しして書き直してしまうことがあります。

だからといって期限ギリギリでOKではないのです。冒頭の話に戻せば、何を根拠に大丈夫だと思ったのか? という点を考えてみましょう。おそらく、アバウトな答えが出てくると思います。なんとなく大丈夫と思っただけで、その根拠が特にないから不安になるのです。

外出中に「そういえば、家の鍵はちゃんとかけてきただろうか?」と不安になってしまうのと同じことです。「はい、ちゃんと鍵をかけてきました」と言える根拠がない。いつもルーティンでやっているわけで、そこで、「絶対に鍵をかけてきましたか?」と言われると不安になって、自信が持てなくなります。人の命を預かるパイロットや、電車やバスの運転手が、ミスを防ぐために大きな声を出して〝確認している姿〟を思い出します。


あいまいなことは、いつまでたってもあいまいなまま。大丈夫という根拠があいまいだと、不安は膨らんでしまいます。なぜなら、あいまいなことは中身をともなっていないからです。ですから、決してアバウトな答えではなく、自分で「〜だから絶対に大丈夫!」と断言できるようにします。そうすると、少なくとも気持ちの浮き沈みの波はそれほど大きくはならないでしょう。

テスト
あいまいな知識度チェック

テスト①

信号の真ん中は黄色です。

では、右は何色ですか?

左は何色ですか?

テスト②

腕時計を外して見えないところに置いてください。腕時計の時計盤を思い出して紙に簡単に書いてみましょう。

［解説］

①はどちらが赤色か、青色か、迷うところです。「絶対に自信があります!」と言う人は意外と少ないもの。毎日のように見ている信号でも、あいまいに見ているから答えられないということなのです。知っていると思っていても知らないことが多いものです。あいまいな知識というのは、大事な場面ではまったく役に立ちません。

②は中小企業の社長クラスのセミナーで私がよくテストとして出題しているものです。みなさんは自慢の時計をしていて、よく知っているはずですが、意外とその文字盤を書けないものです。数字なんてないのに数字を書いたり、デジタルなのにアナログにしてしまったり、とても興味深い結果が得られます。①と同様に、やはりあいまいな知識では自信を持って書けないということがわかります。

すべてを受け入れる

気持ちの浮き沈みと同様にコントロールしたいのが己の感情です。ミスジャッジや相手の悪態、あるいは自分のミスに対して、感情を抑えきれずに負けてしまったことは程度の差こそあれ、経験があるのではないでしょうか。そして試合後に、「どうしてあんなにイライラしてしまったのだろう」と後悔してしまうこともあると思います。

感情、思考、行動は、ひとつのパッケージになっています。何か出来事があったとして、「これはたいへんだ！」と感情で受け取るのか、それとも「どうしてそうなったのだろう」と思考で受け取るのか。それが行動の違いになります。感情で受け取れば突発的な行動につながりやすいですし、思考で受け取れば論理的に考えて行動するようになります。自分の気持ちを安定させるためには、いま起こっている出来事に対して、冷静な論理的な思考で分析、対処することです。

あなたは友人と歩いているときに車と接触事故に遭いました。自分は大丈夫でしたが、ふと見ると友人は血を流してケガをしています。ワッと感情的になって、どうしてどうしてと隣りで泣き叫んでいるのと、冷静に状況を見て応急処置をしたり、救助をしてくれる人を探したり、携帯電話で救急車を呼ぶのとでは、どちらが正しい行動なのかは言うまでもありません。

カッとなりやすい人の共通点は、すぐに感情で受け取ってしまうところです。言われたら言い返す、言い返さないと気が済まないタイプ。そういう人はそれを感情ではなく、どうしてそういうことを言うのだろう、どんな意味があるのだろうと思考で受け取るようにします。物事をありのままに見て、自分の置かれている状況をしっかりと俯瞰して見ることが大切です。自分より怒っている人を見ると、自分の怒りが収まるときがそうです。もう一人の自分が、怒っている自分の姿を見ているのですから結構冷静になれます。

現在の姿からは考えづらいですが、ロジャー・フェデラーはジュニア時代、非常に短気でした。当時から才能はありましたが、自分の感情をうまくコントロールできず、それが原因でたびたび勝てる試合を落としていたのは有名な話です。その欠点を克服したことと、そこから世界王者に駆け上がったことは無関係ではないはずです。

フェデラーのように短気な自分を克服するには、どうしたらいいのでしょうか。

コートで起きたことは何が起ころうと、すべて起こるべくして起きたこと。必然だと思うようにするのも一つの方法です。審判がミスジャッジをした、相手の態度が悪い、風が強い……それでイライラす

る必要はどこにもありませんし、何の得にもならないことだと早く気づくことです。「なぜ？　どうして？」とイライラを口にするのもやめましょう。その言葉の裏には、「自分はちゃんとやっているのに！」という不満が隠れています。何かのせいにせず、目の前で起きた事実だけを淡々と受け入れていきます。

現役時代の杉山愛さんが、「コートに入ったらすべてを受け入れて戦う」ということを、よく言っていたのを思い出します。まさにその心境です。不必要な感情をそぎ落とすことで感情をコントロールしやすくなり、それが勝利への近道になると思います。

ノージャッジメント・トレーニング

感情をコントロールする練習

あるプロゴルファーは、このトレーニングをしてから感情をコントロールできるようになったと言っています。スウェーデンの名コーチ、ピア・ニールソン(ゴルフ)が提唱するトレーニングです。

良いか悪いかは決してジャッジしません。例えば、遠距離からナイスアプローチに成功すれば（ピンのそばに近づければ)、普通なら「よし！」とガッツポーズが飛び出し、逆にバンカーにでもつかまれば「しまった！」と落ち込むものです。しかし、ナイスアプローチに成功しても喜ばない。「ピンそば20cmに近づいた」と事実を口にするだけ。バンカーに落ちても悔しがらない。「グリーン手前のバンカー、××部分に落下した」と自分に言い聞かせるだけ。

感情を常にフラットにし、良し悪しをジャッジせず、ただ事実だけを淡々と口にしていく。これがノージャッジメント・トレーニングです。一喜一憂しすぎる人は、このやり方をテニスに置き換えて試してみるのも悪くないと思います。

Chapter 3

究極のエクスキューズ

勝者も敗者も陥りがちな〝罠〟がある

ファイナルセットを4―1とリード。勝利は目前です。しかし、ここから急に動きがおかしくなります。自分ではなく相手が、です。足を引きずり出したり、わざとらしく何度も肩を回したり、首を傾げたり、さっきまでは何ともなかったはずなのに……。あなたの周りにもいるのではないでしょうか。負けそうになると何かアピールし始める人。今日の自分は本調子ではないと訴えたがる人。

負けそうだから、負けたくないのでしょう。足が痛いから、腕が痛いからと、どこかに理由を探しているのです。それはいつもの調子だったら負けないのに、という裏のメッセージ。それを発信しているのです。究極のエクスキューズ（言い訳）です。

こういう人は同じ状況になっても、相手が自分より実力が上の人だとそんな態度はとらないで、最後まで正々堂々と戦うでしょう。なぜなら、その場合は負けても納得できるから。究極のエクスキューズを発動するときは、決まって相手がライバルのとき、あるいは格下のときです。

〝こんな相手に〟自分は負けたくない。負けるのは許せない。この現実を認めたくない。負けず嫌いというのは、目標を達成するための大きな要因のひとつですが、この場合は自分の成長を妨げているだけです。ただのエクスキューズでしかありません。

不思議に思うのは、そういう態度をと

る自分の愚かさに、なぜ気づかないのかということです。そういう人は成功体験がなく、そこから普通に戦って逆転勝ちしたことがありません。もっと言えば、そういう態度をとったときに相手が意識してしまって、勝ったことは少なからずあるのでしょう。逆の意味での成功体験があるから、負けたくない相手に負けそうなときはそうすることが身についてしまっているのです。無意識の行為だから気づかないのです。

スポーツマンシップに反する行為は、見ていて気持ちのいい態度ではありません。だからといって、放っておくのもどうかと思います。こういう態度の人を注意して修正させるには、どうすればいいのでしょうか。

ビデオを見せて説明するのも方法の一つですが、考え方を根本的に変えさせるのが効率的だと思います。こういう人は勝ち負けしか考えていない傾向があり、

負けたら恥ずかしい、自分の評価が下がる、そんなことばかり考えて戦っています。そうではなく、もっとテニスを、ゲームを楽しむように考えさせます。結果ではなく過程を重要視するように、土俵際に足がかかった状態からどうやって巻き返していくのか。その挑戦を楽しめるように説いていくのです。

なぜ負けるのが怖いのでしょうか。負けたら、また挑めばいいのです。それよりも怖いのは、負けることから逃げてしまうことです。負けそうになると途中でやめてしまう。幼児が、かけっこでみんなに抜かれ出すと走るのをやめてしまう行動に似ています。

テニス漫画の名作『エースをねらえ!』の登場人物のひとり、お蝶夫人の言葉を紹介しましょう。

「負けることを怖がるのはおよしなさい!　それより力を出し切らないプレーをすることこそを恐れなさい!」

「あぶり出し」の作業

　今度は相手ではなく、自分自身について考えてみましょう。つまりは勝ってリードしている側です。負けそうになると言い訳めいた態度をとる相手に対し、逆転負けを食らうパターンは少なくありません。そして試合後に決まって、こう言うのです。

「なんで、あんな奴に負けるんだ」

「あんな態度をしている相手に勝っても仕方がない」

「こっちのやる気がなくなった」

　これまた究極のエクスキューズです。相手にとっては、勝つための最後の一手だったかもしれません。その作戦にまんまとのってしまったわけです。結局は、とどめをさせなかっただけの話です。勝っても仕方がないとか、やる気がなくなったとか、それはただの言い訳で、勝ってから言いなさいという話です。

　大きくリードしていたのは事実ですが、まだ勝ったわけではありません。それなのに、「あんな態度をしている相手に勝っても仕方がない」と、勝ったような気でいたら、その時点で負けです。それは勝者のみが許される台詞です。

　思考が膨らんで、ありもしないことを考え始めるのは危険な兆候です。相手の態度に対し、なぜ、どうして、ふざけるな、と感情的になってはいけません。こういうときこそ冷静に落ち着いて対処すべきです。

　相手が足を引きずっているのであれば、もっと左右に振り回すとか、肩が痛そうならサービス力が落ちるからリターンで攻めようとか、そういうことを考えます。最後のとどめを刺すのです。勝利まであと少しですから、どうやったらポイントを積み重ねられるか、そこに全集中力を傾けます。相手の態度は自分の力では変えられません。別にルール違反ではないわけですから、そこに気持ちを向ける必要はないわけです。

「ロブばっかり！」

こんな試合がありました。シングルスの試合で、バックハンドが弱い選手に対し、そこを突いてネットに出ていく。パスで抜かれる可能性は極めて少なく、返球はロブが多くなるのですが、これがなかなか絶妙で、勝敗を分ける大事な場面でスマッシュをミスした選手が大声で叫びました。

「ロブばっかり上げて！」

自分のミスを相手のせいにしている完全な責任転嫁です。ここまでの話と根っこはいっしょです。自分のスマッシュの技術不足を相手のロブのせいにしています。自分が負けたことを相手の態度のせいにしているのと、まったく同じです。八つ当たりに近いです。

そこで私からのアドバイスは、試合前、相手に対して「あぶり出し」の作業を行うといいでしょう。例えば、相手はサービスがいい、こういう場面ではこういうコースに打ってくることが多い、ストロークはピンチになるとつなげてくる、追い込まれるとロブを上げてくる。それこそ負けそうになるとやる気をなくす仕草をする、というようなものです。対戦シミュレーションと言ってもいいでしょう。要は、ここに集中を置くのです。

この「あぶり出し」の悪い例は、こいつには負けたくない、勝てばベスト8に入れる、負けるとコーチに何を言われるかわからないなど、勝負とは何の関係もないことを試合前にあぶり出してしまうことです。先、先のことを考える前に、まず今、今です。今、目の前の試合に勝つために何をするべきかを考えること。そこに集中することです。そうすれば相手の態度など関係ありません。気にならなくなるはずです。

Chapter 3

「表情」を武器にする

喜怒哀楽を出し過ぎると墓穴を掘る

まずはクイズです。

自分では決して見ることができないけれど、相手から一番よく見えるものは何でしょう?

答えは、この原稿の最後に書きますが、原稿を読み進めていけばわかると思います。このパートでのテーマでもあります。

話を進めましょう。知人といっしょにジュニアの試合(シングルス)を見る機会がありました。A選手は、サウスポーで打球スキルも高く、サービスやボレーも上手です。一番の武器はナダルを思わせるフォアハンドのダウン・ザ・ライン。対するB選手は、お世辞にも技術が高いとは言えませんが、自分のできることを淡々とやっていくタイプの選手です。

試合を見ていた誰もが、A選手が勝つと思っていたことでしょう。力の差は歴然です。しかし一方でミスも多く、感情のアップダウンがあり、失敗するとガッカリとした表情が出てしまうので、常にリードはしているものの、なかなか突き放せないという展開でした。

私は途中から、これはB選手が逆転し

て勝つだろうと思い始めました。A選手が相手をなめて油断していたからではありません。むしろその逆で、気を引き締め、とても慎重に戦っていました。しかし、その表情がとてもつらそうだったのです。ダブルフォールトをすると、この世が終わったかのような表情になり、ストロークでイージーミスをすると、がっくりと肩を落としてうなだれてしまうのです。

　逆にB選手はポイントを取ろうが、落とそうが、表情を変えることなく淡々と戦っていました。ふたりのあまりに対照的な表情、そして態度や姿勢に、私はB選手の逆転を予感したのです。

　私が注目したのはふたりの「目つき」と「視線」です。B選手は非常によくA選手を見ていました。コートにいるときはもちろんのこと、エンドチェンジでベンチに座っているときも、A選手の動きを冷静に観察し、分析しているかのような目つきでした。

　一方のA選手は、B選手のプレーをまったく見ることなく、ひたすらボールを打ち続けているだけでした。そのようなことから、私はB選手の逆転勝利を予感したわけですが、やはり結果は予想通りになりました。炎天下での3セットの戦いは、B選手が4−6、7−6、6−4で勝利したのです。

　試合後、知人とともにA選手が私のところにやって来ました。少し立ち話をしたあとに、どうして負けたと思うかを聞いてみました。すると「大事なところでミスが出てしまって」とか「弱気になって攻めきれなかった」とか、自分なりの敗因を口にしました。

　知人に促されたこともあり、私はA選手にアドバイスを送ることにしましたが、その前に「ポーカーフェイスという言葉を知っているかな?」と聞いてみました。

ポーカーフェイス（Poker face）とは、簡単に言えば、表情を変えないこと、感情を表さないこと、という意味です。トランプのポーカーというゲームが由来であり、持ち札の良し悪しを相手に悟られないよう、どんなカードが来ても表情を変えないところから来ていると言われています。

「はい、知っています」とA選手が言うので、私は続けました。

「君は悪いカードが来たときに、すぐに顔に出るタイプでしょう。すると相手はどう思うだろう? その表情を見て、チャンスだと思うよね。今日はそんなプレーが大切なポイントで何度もあったね」

　A選手がこちらの話を聞く姿勢になったので、さらに続けました。

「君は自分のことばかり考えて、相手のことはまったく見ようともしなかった。相手だって何度も苦しい場面はあったのに、相手を生き返らせてしまったんだよ。それに気づいていたかな?」

相手の表情から勝利へのヒントを

心理学的に言えば、コミュニケーションには2種類あります。『バーバル・コミュニケーション』と『ノンバーバル・コミュニケーション』です。前者は言語的、後者は非言語的コミュニケーションを意味します。

読んで字の如く、バーバル(言語的)コミュニケーションは話や文字など言葉を通じてのコミュニケーションであり、ノンバーバル(非言語的)コミュニケーションは顔の表情、身ぶりや手ぶりなど、言葉以外でのコミュニケーションを指します。

テニスはネットを挟んで向かい合う相手と対戦するスポーツです。ラリーをしながら、ノンバーバル・コミュニケーションをとっています。B選手はそれができていました。そうしてA選手の情報をとっていたのです。しかし、A選手はB選手とコミュニケーションをとろうとしませんでした。情報を拒否したわけです。A選手の敗因はここにあります。

自分が苦しいときは相手も苦しい。これは勝負の鉄則です。自分が苦しいとき、その苦しさをやわらげる方法は何だと思いますか? それは相手の苦しんでいる表情を見ることです。A選手は自分だけが苦しんでいました。B選手も同じように苦しんでいましたが、A選手の表情を見ること(観察すること)で、その苦しさに耐えられたのだと思います。

プレー中に喜怒哀楽を出すことは決して悪いことではありません。ポーカーフェイスで最初から最後まで戦うことがよいわけでもありません。表現の仕方は人それぞれです。ただ、喜怒哀楽を出すことが自分のマイナスになってはいけません。相手に「しめた!」というプラスのエネルギーを与えては、もったいないのです。

試合の駆け引きがうまい選手は、悪いカードが来ても、良いカードを持っているような素振りをし、勝利を目指して戦うことができます。悪いカードを持っていることを相手に悟られないように戦うのです。残念ながら、A選手はそれができませんでした。

A選手がミスをしても前を向き、堂々

と胸を張ってプレーしていたら、もっと違う結果になっていたことでしょう。そして、もっとB選手の表情、姿勢、態度、動きなどを注意深く見ることができていたら、B選手も少しはプレッシャーを感じてミスが増えていたかもしれません。

私はA選手に「試合前には鏡を見ながら、表情のウォーミングアップをしてみなさい」とアドバイスしました。そして鏡に映った自分に「少し暗いぞ！」「もっと明るく！」「前向きに行くぞ！」など、積極的に言葉をかけてみてはどうかと伝えました。

みなさんのプレー中の表情はどうでしょうか。相手に付け入る隙を与える表情をしていないか、態度、姿勢も含めて見つめ直してみましょう。表情はすべての源です。感情のセンサーです。自分の表情は自分では見えませんが、相手からは一番見えているものです。それを忘れないでください。そして同時に、相手の表情、態度、姿勢も見るようにしましょう。

Chapter

空気を読む力

相手の感情表現から勝利の可能性を高める

スポーツ観戦はやはりライブに限る（生中継を見る、または会場で実際に見る）とよく言いますが、テレビ観戦にも良さがあって、現場では決して目にできない映像を見ることができます。その一つが選手の表情でしょう。現場でも近くなら可能ですが、距離があると細かい表情までは見ることはできません。

実は、そのテレビカメラの映像によって、選手の心拍数や心拍間隔を推定できると言われたら、みなさんはどう思いますか？　そんなことわかるわけがないと思うかもしれませんが、これがわかるのです。京都大学とパナソニックが共同開発した感情を読み取るシステムからは、映像に流れる顔色の変化から毛細血管の収縮と膨張の変動を測定でき、そこから選手の緊張、精神状態、ストレスの度合いまで推測できるのです。科学の進歩はすさまじく、ものすごい時代になりました。

ところで、みなさんは相手の気持ちがわかるといいなと思ったことはありませんか？　相手は今どんな気分で、どんな調子で、何を考えているのか——相手の心の中をのぞくことができれば、相手の今の状況がわかり、本当の気持ちがわかり、それに対して自分はどうすればいいかがわかります。

「人の心の中なんて見ることはできないし、その人が本当はどう思っているかなんてわかるわけがない！」

確かにそうかもしれません。しかし、

まったく無理というわけではありません。なぜなら人間は感情を持っており、その感情が必ず出てしまうからです。では、その感情はどこに出ると思いますか？

答えは簡単で、顔です。表情に出てしまうのです。いくら自分ではポーカーフェイスを気取っていても、感情は条件反射であり、思ったとおりの気持ちが出てしまうものなのです。

親は子供の嘘をすぐに見抜くことができます。小さい子供なら、なおさらでしょう。子供の表情、仕草、言葉、態度などから、嘘をついているのがわかるのです。子供が大きくなれば知恵もつき、もう少しうまく嘘をつけるかもしれませんが、親はすべてお見通し。みなさんも経験があるのではないですか？

パフォーマーで自称メンタリストのDaiGo（ダイゴ）さんをご存知の方は多いと思います。テレビで見るという方は多いでしょう。対象者に対していろいろな質問を交えながら、その人が選んだカードをズバリ当てるというパフォーマ

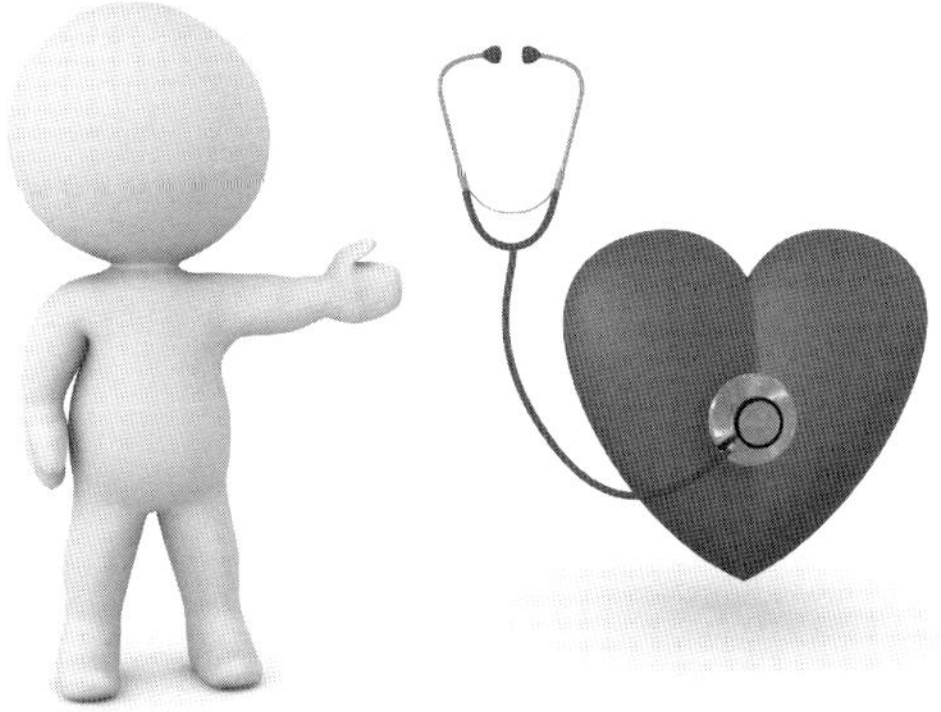

ンスが大人気ですが、それも同じ方法で、質問に答える人の表情、答え方、仕草、声のトーンなどから正解を導き出しているように思います。舞台裏まではわかりませんが、解答者の表情や癖の特徴を見抜くことができるかどうかがポイントだと思います。

さて、私がなぜこの話を持ち出したかと言うと、「表情を武器にする」（108ページ〜に関連）でお話しした対戦相手の観察の仕方をもっと詳しく述べるためです。相手のショットを見るだけでなく、相手の表情、仕草、態度、動き、癖——そこにも勝つためのヒントが隠されています。

空気を読んで、相手の表情をよく見ながら戦う

「あの人は何を考えているのだろう。まったく空気が読めない人だ」

こんな会話をしたり、聞いたりしたことがあるかと思います。〝空気が読めない〟という意味はわかると思いますが、周囲の雰囲気を察知することなく、自分のことだけを考えている人のことです。要は配慮がないのです。

逆に空気が読める人は、その場の雰囲気を察知し、自分が何をすべきか、すべきでないか、相手がしてほしいこと、してほしくないことを瞬時に判断できます。そして、そのときの判断材料となるのが、その場にいる人の表情や仕草、態度だと思います。

テニスというスポーツは自分と相手との掛け合いです。ネットの向こうに対戦相手がいて成り立っています。だとしたら勝つために、対戦相手の情報はたくさん持っていたほうがいいでしょう。その一つが相手の心を見抜くことで、試合中に対戦相手の気分、気持ちがわかれば、非常に戦いやすくなり、自分も少し落ち着くことができます。

表情分析研究の第一人者、P・エクマンは、感情表現を大きく7つに分類しています。

①喜び
②悲しみ
③怒り
④軽蔑
⑤嫌悪
⑥恐れ
⑦驚き

コート上で〝空気を読んで〟相手の表情をよく見ながら戦ってほしいと思います。もちろん相手も自分の心を知られてはいけないと冷静を装うかもしれません。しかし、感情表現は条件反射ですから、表情に少なからず出てしまうのです。そこを注意して見てください。

野球の捕手（キャッチャー）は、打者がバッターボックスに入る際、必ず打者の表情、仕草などを見ています。この打者は何をしようとしているのか、どんな球を狙っているのかを、そこから少しでも読み取ろうとしているのです。

「相手の表情なんて関係ない！　自分のプレーをするだけだ！」

そう思う人もいるかもしれませんが、それは〝空気を読めない〟人と同じです。テニスは相手との駆け引きで競い合うゲーム。相手が今、何をしようとしている

のか、何を嫌がっているのかということを考えながら戦うことは非常に大切です。そのためには相手の表情をよく観察し、仕草や態度から推測してほしいと思います。

これは試合に勝つためだけでなく、きっとみなさんの人間力を高めることにもつながるはずです。チームとして行動するとき、あるいはダブルスのパートナーと力を合わせてともに戦うとき、相手の表情をしっかりと見て、その場の雰囲気、その人の今の気持ちを察知しようとすることは必要なことです。

誤解しないでほしいのは、喜怒哀楽の感情を出すなと言っているわけではありません。いくら隠そうとしても表情は隠せないと言いたいわけでもありません。そうではなく、もっと相手の表情、仕草、態度、癖などを見て、相手の気持ちを感じ取ってほしいということです。コートの中はもちろん、コート外でもそれはできることで、生きていく上でも大切なことなのです。

そして、逆の立場があることも忘れないでください。あなたの表情もまた相手には見られているということです。あなたは試合中にどんな表情をしているでしょうか？　一度、ビデオ撮影などをして確認してみるといいでしょう。対戦相手に手の内を知られるような表情をしていませんか？

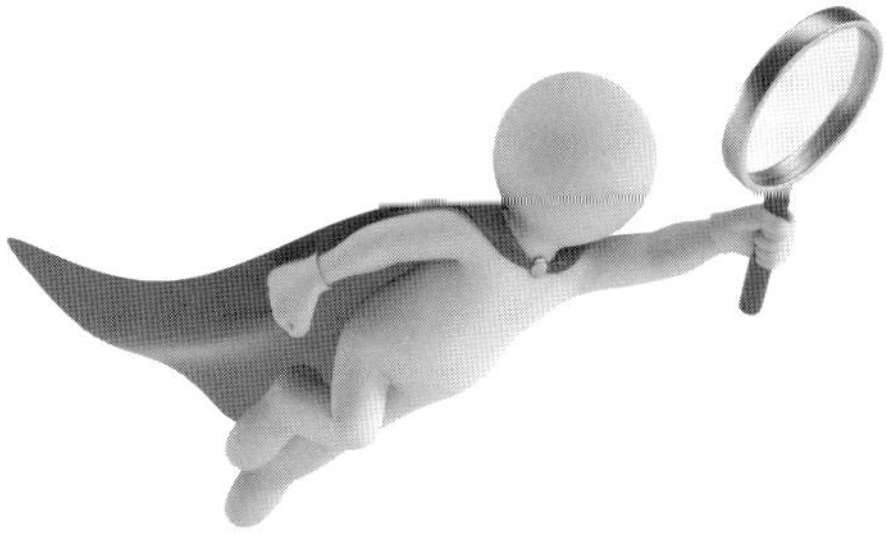

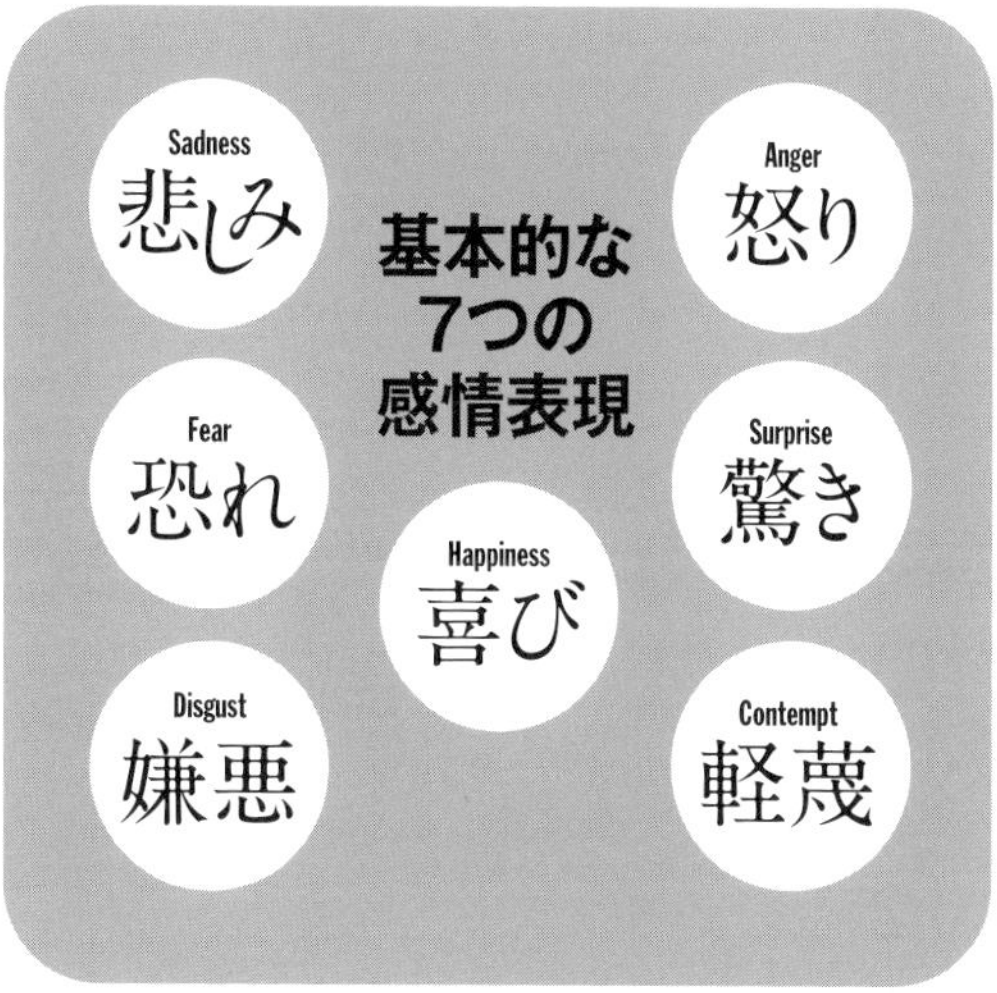

Chapter 3

「伸び悩み」の原因を考える

「1万時間の法則」をうまく利用する

ある強豪校の練習を見ることになりました。みんな一生懸命に練習メニューをこなし、声もよく出ています。私が見たのは放課後の練習でしたが、監督によれば朝練習も毎日のようにあり、コートには照明施設も完備されているので、夜も遅くまで練習しているとのことでした。

部員たちはキビキビと動き、見たところかなりレベルが高いと感じました。ただ、監督には少し悩みがあり、私に話しかけてきたのです。

「選手たちは真面目に練習に取り組んでいるのですが、数ヵ月前と比較してプレーに変化が見られず、あまり成長していない、伸びていないように感じています。オンコートでは時間をかけて、たくさんのボールを打っていますし、これ以上、どうすればよいのでしょうか……」

みなさんにも思い当たる節があると思います。自分は真面目に練習に取り組んでいるし、集中もしている。たくさん練習している。でも伸びている気がしない……、変化が感じられない……。テニスに限らず、仕事でも勉強でも似たようなことはあると思います。

「1万時間の法則」という言葉を知って

いますか？　簡単に言えば、何事においても、一つの成果を出そうと思えば1万時間は必要だということです。似たような言葉として「石の上にも三年」ということわざがあります。

1万時間を3年で割ると、毎日およそ9時間です。5年で割れば、毎日およそ5時間になります。それを考えると、小中学生はともかく、全国レベルの高校生や大学生の選手たちともなれば、おそらく1万時間の練習はクリアしているように思います。つまり、ここからはボールを打つスキル練習をいくら重ねても、伸びしろが少なくなっていることに気づくことが大切です。

心理学で、心身相関（心と身体はくっついている）という言葉があります。心をコントロールするために、心にアプローチをかけるのではなく、身体に刺激を与えて心を変化させる方法です。従ってスキル練習による巧みな技の追求は大切ですが、パフォーマンスを高めるためにはスキル練習のほかに時間を割くことのほうが効果があるでしょう。

ある大学のテニス部は、コートでの練習を減らし、その分をフィジカルトレーニングに充てました。同じ学校の他競技の学生からは、「テニス部は全然練習をしなくなった。いつもコートでボールを打っていたのに、最近はあまり見かけない」と言われていたそうです。しかし、それはコートで練習をしなくなっただけで、違う場所でフィジカルトレーニングをしていたのです。1日5時間という練習時間の配分を、コート4時間＆フィジカルトレーニング1時間から、コート2時間半＆フィジカルトレーニング2時間半に変えたわけです。

その後の選手たちの成長は明らかで、ラケットを振る回数は減っているのに技術が安定し、勝てるようになっていきました。フィジカルトレーニングによって、身体の軸、姿勢、動きなどが安定し、ミスが減り、最終セットに入っても再現性が高くなり、ショットのミスが減ったのです。

私はコートでの練習時間を減らし、闇雲にフィジカルトレーニングの時間を増やすように言っているのではありません。ただ、1万時間以上のような蓄積があればスキルは簡単に落ちることはないので、そこを不安に思う必要はないということです。そこで不安を抱えてしまうと、そのスキルばかりを繰り返し、繰り返し練習します。しかし、近年の研究では、過剰な同じ練習の繰り返し（恒常性練習）は、逆に運動プログラムの崩壊につながり、有効な練習とは言えないことがわかりました。

ボールを打つ時間が少し減っても極端にスキルが下がることはありません。不安をかき消すためにコートでたくさんのボールを打ちたくなりがちですが、ボールを打つ動作の基礎となるフィジカルトレーニングをもっと増やしたほうがいいということです。ボールを打つための体力、姿勢、リズム感、正しい身体の使い方の中に大きな伸びしろが隠されているのです。

多様性のある練習で運動の再現性を高める

悩める監督に向かって、私は率直な意見をぶつけました。

「今の練習は、ボールを打つ練習、その技術習得にフォーカスし過ぎているように思います。それだけをしているようにも見えます。そうではなく、正しい姿勢だったり、リズム感だったり、身体の使い方だったり、そういう部分に焦点を当てた練習も取り入れたほうがいいかと思います」

監督は「コートでボールを打つ練習が減っても大丈夫なものでしょうか……」と少し不安そうでしたので、私は「これくらいレベルの高い選手たちなら、まったく問題ありませんよ」と伝えました。

そして、そこにもう一つだけ付け加えました。

「オンコート練習においても、恒常的で単純なボールの打ち合いではなく、練習にリズムやスピードなど多様性を持たせることが必要だと思います。多様性のある練習は運動の再現性の向上に非常に効果がありますから」

監督が決めた練習メニューを朝から晩まで同じように繰り返してやっている選手たち。黙々と、そして、きびきびと取り組んでいると言えば聞こえはいいですが、同じことを同じパターンで練習しているように見えました。技術レベルは高いのですが、物足りなく見えてしまったのはそのせいだと思います。

ネットを挟んでのストローク練習でも、相手と気持ちよく打ち合っていて、ロブやスライスを混ぜて緩急をつけたり、ポジションをずらしたり、相手の嫌がることをしたり、そういう工夫が見られませんでした。まるでストロークを永遠につなげる練習のようでした（自分からミスをしないというテーマを持って臨んでいるのであれば、また別の話ですが）。その上を目指すのであれば、練習の中に多様性を取り入れることは重要です。

私は監督に思いきって提案してみました。

「朝練習と放課後の練習の内容を入れ替えてみてはどうでしょうか。あるいは練習順序を変えても構いません。最初にサービス練習からスタートしてもいいし、最後にストローク練習をしても問題ないと思います」

監督は「これまでやってきた練習のルーティンが崩れてしまいます」と驚いていましたが、「練習がルーティンになっていることのほうが問題ですよ」と言い

聞かせ、とにかく練習時間、内容に多様性を持たせることを主張しました。
大事な試合前なので、選手たちにも何か直接アドバイスをしてほしいと監督から言われましたので、集合した際にワンポイントだけ伝えました。

「試合前だからといって、練習量を特別に増やしたり、新しいことをやる必要はないと思います。それよりも、これまで自分がやってきたことを見直してください。自分はできているということを、もう一度、見直して確認し、試合に臨んでください」

選手たちに響いたかどうかはわかりませんが、私はそう伝えました。監督も選手たちも、私の言葉や提案から何かヒントをつかんでくれたらいいなと思っています。

「性格」は変えられるのか？

心理学者のオールポートは、「パーソナリティーとは、精神身体的組織をもった個人内の力動的体制であって、環境に対する独自の適応を決定するものである」と述べています。パーソナリティーの語源は、ラテン語のペルソナであり、仮面見かけの自己、表面的性質という意味があります。

自分のネガティブな性格を変えたい。あるいはポジティブすぎる性格を少し控えめにしたい。そんな悩みをよく聞きますが、性格の根っこにあるものは気質ですので、気質は変えられません。ただ、性格はその上に構築されたものですから、ものの見方・考え方が変化することによって、自身の行動や言動が変わってくるので、それと連動して他者からの性格の評価や見え方は変わってきます。根っこにあるもの（気質）は変わりませんが、枝や葉がタフになっているので、これまでは少しでも風が吹けばポキッと折れていた枝葉が簡単に折れなくなるわけです。

コップの中に半分の水が入っているとしましょう。「半分も入っている」と思うか、「半分しか入っていない」と思うか、その考え方は大きな違いです。マッチポイントを握られたときに「あと１ポイントしかない（もうダメだ）」と思うか、「あと１ポイントもあるぞ（まだ挽回できる）」と思うのか。後者の考えのほうが逆転できる可能性が高いのは言うまでもありません。ものの見方、考え方を日頃から鍛えてみましょう。

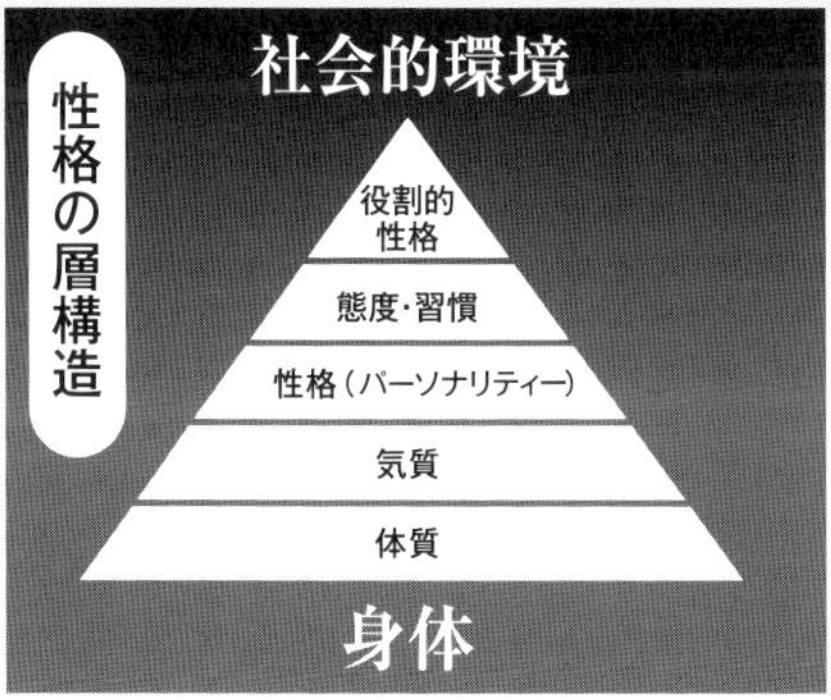

オールポート（Allport.G.W.1939）

Chapter 3

目指せ！防衛的悲観主義

不安や恐れは誰にでもある

いきなりですが、みなさんに質問をしたいと思います。自分のことをプラス思考だと思いますか？　それとも逆でマイナス思考だと思いますか？　仲間と雑談をしているときに、そんな話が出ました。仲間のひとりが私に向かって、「自分もあなたのようにプラス思考になりたい」と言ってきたので、私は大笑いしました。なぜなら、私は自分のことをマイナス思考であり、ネガティブシンキングの持ち主だと思っているからです。

スポーツ心理学を専攻し、その仕事に就き、多くの方々の相談に乗っていますから、そんなイメージが強いのでしょう。完全な思い込みです。私は頑固ですし、意外と気持ちを引きずるし、短気なほうだと思います。ただ、それが決して悪いことだとは思っていません。そこで思い出したのが、ある学生のことでした。

大きな大会を1ヵ月後に控えた学生が相談にやって来たときの話です。

「毎日毎日、一生懸命に練習をしているのですが、大会のことを考えると不安しかありません。自分に自信が持てず、負けることばかり考えてしまいます。もともとマイナス思考で悲観的ですが、何とか大会までに物事を楽観的に考えられるポジティブ思考に変われないものでしょうか？」

その学生のことは、よく知っていました。真面目で練習熱心。授業にもきちんと出席し、テストの成績も優秀でした。その学生が思い詰めた表情で私のところにやって来たのです。相当な覚悟が感じられました。

　私は答えました。

「あなたの物事をネガティブに考えるという思考パターンは、そんなに簡単に変わるものではないし、無理に変える必要もないと思うよ」

　そう言うと、その学生は「えっ」と驚いた表情を見せました。こういう人の考え方には共通項があります。不安や恐れ、ネガティブなことばかりに気持ちが向いてしまうのです。長い間、ネガティブなことばかりを考えていると、心も身体も疲れてきて、やがて病んでいきます。そこに意識をアクセスし続けているから、自分の中の「頑張ろう！」「やるぞ！」というエネルギーがどんどん吸い取られていってしまうのです。

「毎日毎日、練習することも大切だけど、自分の趣味など、好きな時間をつくりなさい。練習以外の時間を大切に使いなさい」

　私はそういうアドバイスをしました。


不安や恐れは誰もが持っています。マイナス思考だから、ネガティブシンキングだから、不安や恐れを人よりも多く持っているわけではありません。この学生は、無理にでもプラス思考やポジティブシンキングができれば、今より少しは楽になれると思っているようでしたが、私がアドバイスした対処法は、不安や恐れ、迷いといったものにアクセスばかりしないこと、そこから解放される時間をつくることでした。

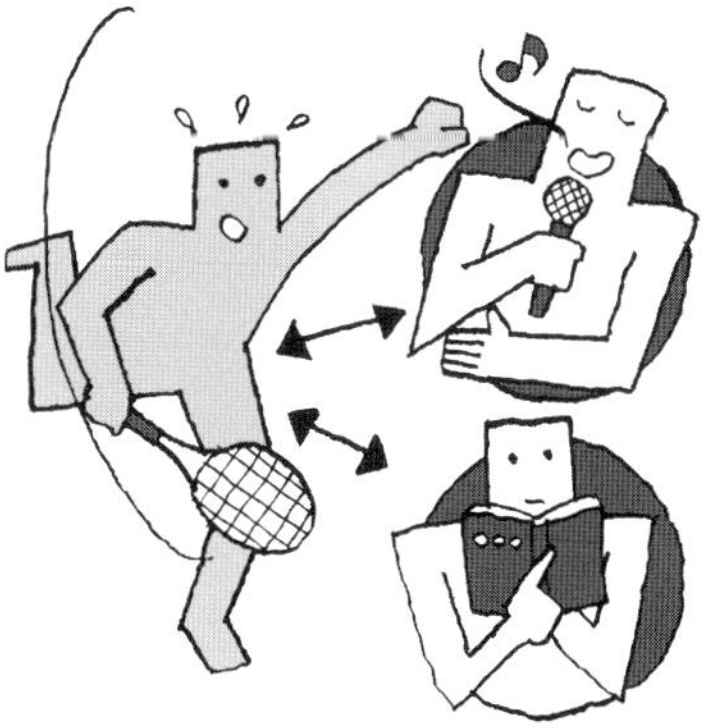

　心が強い人も不安や恐れなどのネガティブ感情はたくさん持っています。それでも彼らが本番で実力を発揮できるのは、そこにアクセスばかりしていないからです。やるべきことをやったら（これが重要なのですが）、そこから離れる時間を確保し、その時間を有意義に過ごしています。エネルギーの補充をしていると言い換えてもいいでしょう。いわゆる気分転換が上手な人、オンとオフの切り替えがうまい人です。
「毎日毎日、ずっと練習し、大会のことだけを考えていると、それだけで疲れてしまうでしょう？　違うところからエネルギーをもらえる時間をつくりなさい」
　私がそう言うと、この学生は「わかりました。でも……」と続けてきました。これは「YES、BUT型」（172ページ～に関連）で、要するに「納得していません」というメッセージなのです。そこで私は違う角度から攻めることにしました。

究極のネガティブシンキング

ふたたび、みなさんに質問したいと思います。プラス思考とマイナス思考の人では、どちらが勝負に強いと思いますか？　ポジティブな人とネガティブな人と置き換えても構いません。おそらく多くの人がプラス思考の人、ポジティブ思考の人、と答えると思います。しかし、本当にそうでしょうか？　実は「勝利者＝ポジティブ思考の人」という考え方は、必ずしも正解ではないということが、近年の研究でわかってきました。

この学生にも同じ質問をすると、当然ですと言わんばかりに同じ答えが返ってきました。おそらく、そう答えた人の多くは後ろ向きな考え、ネガティブな考えを持つとそれが弱気につながり、それを引き寄せてしまうから、という考え方からだと思います。

みなさんは「防衛的悲観主義」という言葉を知っていますか。簡単に言えば、悲観主義のさらに上、究極のネガティブシンキングです。最悪の事態をあらゆる角度から悲観的に想像し、失敗を確信するという考えです。「前にうまくいったから、今度も成功する」とは考えず、「前にうまくいったから、今度はたぶん失敗する」という考え方です。

では、この防衛的悲観主義者は常に失敗ばかりを繰り返していると思いますか？　実はそうではありません。かなり高い確率で成功しているという研究データがあるのです。それはなぜでしょうか？

答えは簡単で、「そうならないためには、どうすればよいか？」という策を考え、対応しているからです。そうして、ああなるかもしれない、こうなるかもしれないと次々に浮かぶ否定的な考えを、一つひとつ潰していっているのです。まさに準備の徹底です。積極的にネガティブになることでリスクを予測し、それに対応する策をとることで自信や安心を生んでいるのです。こういう人たちは「もっと気楽に！」とか「もっとポジティブに！」と言われると、逆に力を発揮できなくなるのが特徴です。

ダメな悲観主義者は、ああなるかもしれない、こうなるかもしれないと否定的なことを考えるまでは同じですが、そこから何もしません。不安や恐れ、迷いを口にしているだけで終わっているのです。

まさに「口だけの人間」です。

ここまでの話をすると、「わかりました。でも～」と言っていた学生の顔が少し明るくなり、うなずく回数が多くなってきました。マイナス思考だから不安や恐れに襲われるわけではないし、悲観主義だから勝てないわけではない。でもそれが納得できないようであれば、徹底したマイナス主義、防衛的悲観主義という考え方だってあるんだよ、と言ったことが響いたようです。ここまで納得してもらえると（心の扉を開いてくれると）、あとは意外と簡単なのです。

「ところでさっきの話に戻るけど、趣味の時間はつくれそうかな？」と言うと、「本当にそうですね！　もっと自分の好きな時間をつくらないと！」と前向きな答えをし、帰っていきました。

繰り返しになりますが、マイナス思考だから、悲観主義だから、ネガティブシンキングだから――心が弱いわけではなく、試合に勝てないわけではありません。アプローチの方法は人それぞれ。ポジティブに考えるほうが結果に結びつきやすい人もいれば、ネガティブだからこそ成績が上がる人もいるのです。これについては、選手はもちろん、指導者の方にも憶えておいてもらいたいことです。ポジティブ思考もよいですが、ネガティブ思考も捨てたものではないのです。

ネガティブ思考かポジティブ思考かではなく

アプローチの方法次第

×	どうしよう…まずい…嫌だ… どうしよう…（何もしない）	→	不安、恐れの拡大
○	どうしよう…どうするべきか… こうする、ああする…（対策と行動）	→	不安、恐れの排除

Chapter 3

「嫌な気持ち」を断ち切る

勝者のメンタリティーに学ぶ

第1セットで何度もセットポイントを握りながら取りきれず、逆に相手に取られてしまう。そのダメージが深く残って、第2セットが始まっても後悔ばかり。試合に集中できず、そのままズルズルと……負けてしまうということはよくあります。

「どうして、第1セットを取りきれなかった？」

「どうして、あのセットポイントであんなショットを打った？」

　こんな気持ちを引きずったままでは、第2セットの行方は最初から見えています。第1セットはもう終わったのに、そこにフタができず、なぜ？ どうして？が先に立つ。こういう選手に言葉をかけるなら、「3セットマッチの試合で一番大切なのは第2セットの序盤」と私は言うでしょう。そう考えると、第1セットを奪っても気は緩みませんし、落としても反撃への気力につながります。

　勝負に慣れていない選手は、第1セットを奪うと勝った気になり、失うと負けた気になります。でも、その時点ではまだ何も終わっていないのです。気持ちが強い人はそれをよくわかっています。

　どんなに大きなチャンスを逃しても、ものにしても、試合が続いている限りはまだ勝ってもいないし、負けてもいない。決着は何もついていない。後悔や反省は試合後で十分。今すべきことは、自分が勝つためには何をすればいいのか考えて行動するのみです。勝つ人のメンタリティーは、〝ここからが大切〟だと考えます。

　アテネ五輪男子体操で金メダリストとなった米田功さんがこんなことを言っていました。

「普段から試合と同じなんです。緊張する場面、カッとする場面、集中できない場面。そういう場面は日常の中にたくさんあり、それをどれだけ察知し、そこでどれだけ頑張れるか。そういう舞台をいっぱい踏むことで鍛えられていくんです」

　自分はこういう性格だから直らない。マイナス思考だから仕方がない。それで終わらせていては何も変わりませんし、変えられません。嫌な気持ちはスパッと断ち切り、次に引きずらないこと。そんな状況、場面は試合だけでなく、日常生活の中にもゴロゴロ転がっているのです。そこから自分を鍛えていってはどうでしょうか。

Chapter

4

究極のポジティブシンキング

Chapter 4

「開き直り」のメカニズム

土壇場で生まれる不思議な力

「もう最後は開き直り。開き直ったらいつの間にか勝っていました」

「負けてもいいと開き直ったら、そこから調子が良くなって勝てた」

「思いきっていくしかないと開き直ってプレーしただけ」

　追い込まれた選手が逆転で勝利を飾ったとき、試合後によく出てくるのが〝開き直り〟という言葉です。開き直って勝てるのだったら、最初から開き直ればいいと言う人も出てきそうですが、そもそも開き直りとは、どういう意味なのでしょうか。辞書には次のように書かれています。

【開き直る】急に態度を改めて、正面切った物腰になる。

　これだけではよくわかりませんね。ただ、ここまでのところでは、開き直ると良い結果が出やすいということはわかります。それでは、開き直りのメカニズムについて考えていきたいと思います。

　開き直ることができれば、いろいろな雑念が取り払われ、やるべきことが明確になり、そこで集中力が増します。そして良い結果に結びつくのです。人は追い込まれると、逆に自分のやるべきことが見えてくるもので、「ここまできたら、自分はもうこれしかできない」「やるべきことをやって負けたら仕方がない」、そういった気持ちが湧いてきます。それまでは勝ちたいとか、負けられないとか、試合中にいろいろな考えが浮かんでいたものが消えていき、シンプルに目の前にあることだけに集中できるようになります。

　ただ、開き直れば、必ずそういう結果が得られるとは限りません。相手との力の差があったり、見えてきたやるべきこと自体が間違っている場合もあります。

　また、開き直ったことで起こる逆転勝利の要因は、自分だけでなく相手にもあるということを知っておきましょう。自分が追い込まれたときというのは、相手にすれば追い込んだということです。まだ勝ったわけではないのに、これで勝っ

たと相手が安心すると隙ができやすくなります。一方は開き直り、もう一方は勝ったと油断をする。それが重なることで逆転現象が起きやすい状況が出来上がります。

そもそも、開き直りと聞いたときにポジティブではなくネガティブに受け止め、試合を放り出している、あきらめ感のようなものが感じられるという人もいます。ほかにも、開き直っての逆転勝利は〝棚からぼた餅〟のようなもので、たまたま幸運が転がってきたようだという人もいます。しかし、その考え方には少し勘違いがあります。開き直りは、投げやりということではなく、開き直りは、まだあきらめていないということです。チャレンジを続けるのか、それともチャレンジを完全にあきらめてしまうのか。前者は戦い続け、後者は早く終わりたい、ここから逃げ出したいという現実逃避をしています。ですから、開き直りと投げやりはまったく違います。

3セットマッチの試合で0－6、0－5まで追い込まれたときに、もう負けたとあきらめ、練習したこともない無茶苦茶なショットを打ち出すのが投げやり。敗戦濃厚には違いないですが、まだ負けたわけではなく、決してあきらめないと、気持ちを切らさずに戦い続けるのが開き直り。そこまでの試合内容を振り返って、自分がやるべきこと、できることをやろうと集中モードに入るのが開き直りです。そこから奇跡は始まるのです。

開き直り度テスト

質問に対して該当する数字に○をつけなさい。

質問		当てはまらない	少し当てはまる	まあまあ当てはまる	ほぼ当てはまる	当てはまる
1	劣勢(例えば0-6、1-4)になっても我慢強くプレーできる	1	2	3	4	5
2	相手が強ければ強いほど闘志が湧く	1	2	3	4	5
3	追い込まれても冷静に判断しプレーできる	1	2	3	4	5
4	ピンチはチャンスだと思うことができる	1	2	3	4	5
5	空想するのが好きである(ひらめく)	1	2	3	4	5
6	気持ちの切り替えが上手い(ミスを引きずらない)	1	2	3	4	5
7	負けず嫌いである	1	2	3	4	5
8	戦略的なプレーをしている	1	2	3	4	5
9	いざというときは思いきりのよいプレーができる	1	2	3	4	5
10	集中力がある	1	2	3	4	5

評価(合計点)

0-10　決断が大の苦手で開き直れない
11-20　努力次第では開き直れそう
21-30　開き直れる素質はあり
31-40　開き直り中級クラス
41-50　十分に開き直れるタイプ

どうしたら開き直れるのか

さて、どうしたら開き直れるのか、ですが、もともとそういうタイプの人はいいとして、「そうは言っても……」と簡単には開き直れない人もいます。そういう人たちには、まず表の『開き直り度テスト』を使って点数をつけ、あなたの開き直り度を数字化しましょう。

その上で、開き直り度を高めたい人、土壇場での集中力を高めたい人は、日頃から次の2つの点に注意してください。

①物事を俯瞰して見る、客観的に見る

開き直りができない人は、これがなかなかできません。今、自分が置かれている状況は？ 自分ができることは何？ これでいいのか？ どうすればいい？ このように自分の中にもう一人の自分がいて、しっかりと自問自答できる人は大丈夫なのです。自分で自分を育てていく思考法、スポーツ心理学で言う『セルフエデュケーション』が、開き直れない人はできず、もう一人の人間がいないのです。一方的な見方、考え方しかできないため、物事を俯瞰して見られません。こういう人は土壇場で動けなくなるものです。

ノバク・ジョコビッチやラファエル・ナダルといった、すでに超一流となった選手たちにもコーチがいるのは、彼らは自分一人の見方、考え方では限界があるということを知っているからです。今の自分はどういう状態なのか。それを客観的に見てアドバイスをくれるコーチというのは、彼らにとって必要不可欠の存在です。何でも自分一人でできると思っていたら、驕り以外の何ものでもありません。

②固定観念を捨て、
柔軟性のある思考能力を身につける

開き直れない人というのは思い込みが激しく、ワンウェイ＝一方通行です。これはこう、それはそれ、と最初から決めつけてしまっています。土俵際に足がかかっている状況ですと、その一方通行の考えがマイナスに働いてしまいやすくなります。土俵際には徳俵《とくだわら》があり、まだ踏ん張れるということを認識していないのです。

ピンチはチャンスだという逆転の発想もひらめかないのかもしれません。例えば、自分より格上の相手と試合をするときに、相手よりスピードのあるボールを打たないとポイントが取れないと思っていたりします。だから無理をしてでも強打していき、当然ミスばかりになります。格上が相手だと打っていくしかないという思い込みもあって、これを捨てきれません。遅いボールを使うという発想はないのです。遅いボールのほうがやりづらい相手もいるのですが、それを打ったらやられてしまうと思い込んでいます。格上を相手に遅いボールを打つことは勇気のいることですが、そうした発想の転換のもとで、チャンスは生まれるものです。

開き直って遅いボール

まったく同じ例でこういう話もあります。力のあるジュニア選手がいて、彼はいろいろなコーチから指導を受けていました。コーチたちはそのジュニア選手の打つボールの速さに驚き、さらなるスピードアップを次々にアドバイスしました。そんな中、そのジュニアが元プロから指導を受けることになりました。練習を見た元プロは開口一番、こう言ったそうです。

「君のボールのスピードは速すぎると思う。もっと遅く打てないかな」

きょとんとするジュニア選手に対し、元プロは「ボールを速く打てば速く返ってくる。だから慌てているんだよ。速いボールばかりでなく、遅いボールも大事」、そう教え込みました。それからのジュニア選手は緩急を使うようになり、プレーの幅がグンと広がったそうです。

開き直るということは、やるべきことがはっきりして、それに集中することです。ただそれが誰にでも、すぐにでもできるというものではありません。日頃からのトレーニングだったり、何かのきっかけだったり……が必要です。

きっかけについて、私の話を例に出しましょう。学生時代の私は、勝てそうだったのに負けたり、マッチポイントを握っているのに負けたり、そういうパターンが多い選手でした。しかし、ある試合をきっかけに逆のことが起きたのです。負け寸前からの逆転勝利。いつもの自分がネットの向こうにいたのです。まるで自分を見ているようで、何を考えているかがよくわかりました。それ以来、開き直れるようになったのです。その成功体験によって、追い込まれても、まだ逆襲できるチャンスはある、このままいけば負ける可能性は高いかもしれないけれど、でも八方ふさがりの状態ではない。そういう考え方ができるようになり、逆転勝ちの試合が多くなりました。

思い込み度テスト　世界的権威の脳外科医の話

Q 父親が息子をドライブに誘った。息子を助手席ではなく後ろに乗せた。軽い胸騒ぎがしたからだ。予感は当たった。ハイウェイを走っている途中、前から来る大型ダンプカーと正面衝突。父は即死だったが、息子は幸運だった。事故現場の近くに脳外科の病院があった。そこに世界的権威の脳外科医がいたのだ。手術室に運ばれ、その脳外科医が手術をすることになったが、患者の顔を見ると「これは私の息子だ」と号泣したという。ここで問題。この世界的権威の脳外科医と息子、ふたりの関係は?

A わかる人はすぐにわかるでしょう。母親と息子の関係です。"世界的権威"とか"脳外科医"という言葉で絶対に男性だと思い込んでいると、なかなか母親という答えが思い浮かびません。父親は死んでいなかった、隠し子だった、問題の意味がわからない、などと答えた人がそうです。固定観念を捨て、発想の転換を図りましょう!

不安や、迷いは誰もが持っている

Q1 なんとかなるさの気持ちで、本当になんとかなりますか?

テニス部の先生から「なんとかなるさという気持ちを持つことが大事だよ」と言われました。私はそんないい加減な気持ちでは試合に勝てないと思いますし、それで本当にいいのでしょうか。他力本願みたいで私は好きではありません。なんとかなると思っていると、絶対になんとかならないと思っているので!（高校生／女子）

A なんとかしてみせる!と思う気持ちを持つことが大切なのです。

何もしないで「なんとかなる」と思っていても仕方ありませんが、やるべきことをしっかりとやっていれば、あとは「なんとかなる」と先生は言いたかったのだと思います。頑張っているあなたの気持ちを、少しほぐす意味合いもあったのではないでしょうか。

「なんとかなる」という言葉は私も好きで、よく頭に浮かびます。この気持ちを持っていることで、自分の可能性や行動が広がるような気がするからです。

何か（新しいこと）をするときに、失敗したらどうしよう、何かあったらどうしよう、大丈夫だろうか、と不安になることは誰にでもあるでしょう。そんなときに「なんとかなるさ」という気持ちがあれば、思いきって前へ進むことができます。逆に、その気持ちがないと「なんとかならなかったら、どうしよう」「なんとかなるかわからないから、やめておこう」と重圧と不安だけがのしかかり、身動きがとれなくなってしまいます。

ただ、ここでのポイントは「なんとかなる」人は「なんとかなる」ように努力しているということです。「本当になんとかなるのかな?」という不安や迷いを抱えながらも、それ以上に「でも、なんとかしてみせる!」という気持ちを強く持っているのです。そこで、どうしよう、どうしよう、と怯えてばかりで何もしない人は失敗する典型です。それこそ、なんともなりません。

不幸にも、勤めている会社が倒産したとき、あるいは事故で大きなケガを負ってしまったとき、そこで落ち込んでばかりいても何も始まりません。「なんとかなるさ」→「なんとかしてみせる!」と思う気持ちが大切なのです。何かを失ったら何かを得ればいいですし、失ったからこそ得られるものがあります。先生があなたに言った「なんとかなるさ」には、そういう意味が込められているのだと思います。

ちなみに「なんとかなる」と思って成功する人の近くには、不思議と「あなたなら大丈夫!」と認めてくれる人がいます。家族や友人、恋人などが、あなたの不安や迷いを消して背中を押してくれているのです。よくできていると思いませんか?

Q2 怒りを静めるよい方法はないでしょうか?

もともと短気な性格ですが、試合のときに相手に挑発されたり、相手の態度が悪かったりすると我慢できません。どうしてもムカついて口が出てしまうのです。先生からも仲間からも「放っておけ!」と注意されるのですが、そのときは自分の腹の虫が収まらないのです。試合後になると「言わなくてもよかったかもしれないな」と思ったりもしますが、そのときに怒りを静めるよい方法はないでしょうか?（高校生／男子）

A『アンガーマネージメント（怒りをコントロールする方法）』を身につけましょう。大切なのは“間”を置くこと。

あなたは何事に対しても「こうあるべきだ」という気持ちが強すぎるのでしょう。試合中だから真剣に戦うべきだ、ふざけた態度は慎むべきだ、マナーは守ってしかるべきだ。だからそれができない人を見ると、瞬間的に「なぜだ!」と怒りが湧いてくるのだと思います。

その怒りを先生や仲間は静めようとしていますが、あなたは我慢できずに相手を攻撃したくなるのでしょう。そのふざけた態度を何とかしてやろう、こらしめてやろう、直してやろう……そんな気持ちが働き、言ってやらないと自分の気が済まないのです。

「言わないとわからないんだ! 俺は間違っていない!」

あなたの気持ちを代弁するなら、そんなところでしょうか。

先生や仲間たちは、なぜ「放っておけ!」と言うのでしょうか。それは、言い返したところで何ら得をすることがないからです。もしかしたら、それは相手の作戦かもしれません。言い返したところで、どんな結末が待っているかをよく考えてください。

心理学に『アンガーマネージメント』という言葉があります。自分の怒りをコントロールする方法で、それをあなた自身が見つけるとよいでしょう。

代表的な例としては、相手の挑発に瞬間的に返すのではなく、深呼吸をしたあと、あるいは「1、2、3」と3まで数えたあと、自分の言いたい言葉をもう一度頭で繰り返し、それでも言いたいのなら相手に言うという方法があります。その場を離れるという方法もありますし、好きな人の笑顔を思い出す、今日の夕飯は何だろうと考えるなど、その方法は人それぞれで構いません。

大切なのは“間”を置くこと。冷静な状態をつくり、自分にふっと風を入れることです。あなたが試合後になると「言わなくてもよかったかもしれないな」と反省しているのは、間を置いて冷静になれているからです。あなた自身のアンガーマネージメント方法を見つけてください。

ただ、怒ることは決して“悪”ではありません。その怒りを「よし、見てろ!」「なにくそ!」とプラスのエネルギーに変えるのです。相手の薄っぺらい挑発にはのらず、自分のプレーで、勝利で、相手をこらしめてやるのが一番かっこいいと思いませんか?

Q3 パートナーが自分勝手なプレーをします。何とかしたいのですが言うことを聞いてくれません。

いつも組んでいるダブルスのパートナーがいますが、同じミスばかりを繰り返します。ふたりで話し合い、口では「わかった」と言うのですが、まったくわかっていません。ミスは仕方ないにしても、言うことを聞いてくれないのです。自分ひとりで勝手なプレーをします。注意すると「ごめん」「次は気をつける」と言うのですが、次もまた同じことの繰り返し。もう組まないと離れるのは簡単ですが、どうしたら私の言いたいことをわかって直してもらえるでしょうか？（学生／男子）

A あなたが言っていることをぼんやりと聞いている可能性があります。伝え方を変えてみましょう。

あなたはパートナーを何とか助けたいのでしょう。とてもやさしい気持ちが伝わってきます。ただ、あなたの言いたいことは本当に相手に伝わっているでしょうか？　あなたが注意しても、相手は「わかった」ふりをしているだけです。あるいは「ごめん」と頭を下げていたとしても、心の底から謝ってはいない気がします。なんとなく「ごめん」と口にしているだけです。

わかりやすい例が信号機の色です。真ん中の色は、黄色とすぐに答えられる人が多いですが、右端と左端の答えは黄色ほど、すぐには答えられません。青か赤で少し迷う人が出てくるでしょう。要は「ぼんやりと」わかっているのです。

あなたのパートナーもこれと同じで、あなたの言っていることを、ぼんやりと聞き、ぼんやりとわかっているだけではないでしょうか。だから忘れてしまうのです。

信号機の右端が青色なのには、ちゃんとした理由があります（みなさんも考えてみてください）。それがわかっていれば「右端＝青色」とすぐに答えられます。あなたのパートナーにも、あなたが注意している理由を、もっと明確に示したほうがよいでしょう。なぜそれがいけないのか、なぜそれがいいのか、なぜこうしたいのか、なぜ注意しているのか――その意味をより明確にし、相手に「確かにその通りだな。俺が間違っているな」と思ってもらえるところまで持っていけば、少しは改善されるかもしれません。

ただ、そのパートナーに聞き入れる意思があるかどうかは大きな問題です。人の考えを聞かない人の多くは、自分の考えは間違っていないと思い込んでいるからです。注意をされて、はい、わかった、と答えていても、それは上っ面だけで、でも、だって、それはそうだけど、と自分を擁護したり。自分の考え、殻を破ろうとせず、こちらの言葉を簡単には受け入れようとしません。その殻を自ら破ろうとしたときこそチャンスなのですが、同時に苦しみやつらさがともないますから、そこに気づくことは難しいでしょう。そもそも「自分は間違っていない」と思い込んでいるわけですから……。

あなたの注意が、ただのルーティーンになっている可能性もあります。面と向かって注意するばかりではなく、誰かを介して注意してもらうのも手かもしれません。あるいは注意したことを、パートナーがうまくできたときに「できるじゃん！」と大袈裟にリアクションをとる手もあります。あの手この手でパートナーの心に刺激を与えてみてください。

Chapter 4

自分で限界をつくらない！

「もう無理」「私はここまで」「できるわけがない」自分でふたをしない

小さい頃から才能に恵まれ、努力もし、多くのタイトルを手にしたジュニア選手がいました。将来は世界的な選手になれると誰もが信じ、関係者からも高い評価を受けていました。しかし、高校生のときに出掛けた海外遠征から帰国後、そのジュニア選手の様子が変わってしまいました。

練習に参加するのですが、集中力はなく、ただやり過ごすだけ。そのジュニア選手はトップクラスに在籍し、その中でも圧倒的に強かったはずでしたが、次第にその強さがなくなり、気がつけばトップクラスの中でも〝普通〟の選手になっていました。今までは楽勝だった選手にも負けるようになったのです。海外遠征で何があったのでしょうか。そのジュニア選手に聞いてみると、こんな答えが返ってきました。

「将来はプロになりたいと思って頑張ってきたけれど、海外遠征に行って、自分より年下なのに強い選手が大勢いることに驚きました。自分にはとても無理です。今は全国大会に出場することができればラッキーだと思っています」

海外遠征に出掛ける前はとても元気だったジュニア選手が、今は何かを悟ったような表情です。「あんなに気持ちの強い子だったのに」とコーチも心配し、立ち直るきっかけを探していました。

国立スポーツ科学センターの立谷泰久先生がプロ選手の勉強会で次のようなお話をしていました。

「みなさんは〝ノミ〟という生物を知っていますか。体長1〜4㎜ほどの小さな昆虫ですが、実はこのノミは最大で20㎝も跳ぶことができるのです。体長4㎜だとすると約50倍。身長160㎝の人間にたとえれば80mも跳ぶことができる計算になります。

ここで問題です。20㎝跳ぶノミを高さ10㎝の箱に入れ、しばらく放置します。そのノミをふたたび箱から出したとき、そのノミはどれくらいの高さまで跳べるようになっているでしょうか？

①0㎝
②10㎝
③20㎝
④20㎝以上

正解は②です。それは10㎝の箱の中という環境にいたために、それに適応し、自分が跳べる高さは10㎝だと自分で決めてしまったのです。本来は20㎝まで跳べるはずなのに、10㎝という箱の中に馴染んでしまい、その能力を発揮できなくなってしまったのです……。

海外遠征に出掛けたジュニア選手と何だか似ていませんか？

「もうダメだ」
「自分には無理」
「どうせできるわけがない」

海外遠征に行く前、そのジュニア選手の箱の〝ふた〟は開いていました。しかし、帰国後はショックで彼自身が〝ふた〟をつくり、自分はとてもプロにはなれない、ここまでだと限界を決めてしまったのです。

みなさんも同じような経験があるのではないでしょうか。

「3回戦はあの相手に当たって負けるから、2回戦まで頑張ろう」
「この仕事はここまでで十分だから、これ以上はやらない」

そうして自分で〝ふた〟をつくってしまうと、そこまでしかできない人間になってしまいます。本当は相手が誰であろうと3回戦も勝てるし、もっと仕事ができる力があるかもしれないのに……実にもったいないことではありませんか？

10㎝しか跳べなくなったノミをもとに戻す方法は簡単です。箱の〝ふた〟を取り除けばいいのです。すると10㎝しか跳べなくなったノミは、20㎝跳ぶノミを見本にし、自分も跳べることを思い出していくのです。

私はコーチに、トップクラスに実力の高い選手を何人か入れるように提案しました。そしてジュニア選手には「君はまず、自分自身にチャレンジすること。自分で限界をつくらず、持てる力を出しきろう」とアドバイスしました。

自分で「これが限界だ」という〝ふた〟をつくり、自分の力を閉じ込めないでください。〝ふた〟は常にオープンにし、どこまでできるかチャレンジしてほしいと思います。

汝自身の運命は、汝自身の胸中にあり

（フリードリヒ・フォン・シラー／ドイツの詩人）

次もあるジュニア選手の話です。

「最近、コーチは自分にはあまり教えてくれないような気がします。以前は、かなり詳しく、手取り足取り教えてくれていたのに、じっと見ているだけでアドバイスをしてくれなくなりました。なぜでしょうか？　別のコーチのクラスに入りたいです」

　私はそのジュニアに「もう少し今のクラスで頑張ってみたら」と言いました。上達したい、頑張りたい、と求める気持ちを失わなければ、むしろ力が伸びる可能性もあるという話もしました。

　みなさんは、この話をどのように思いますか？　教えてもらうのは悪いことではありませんが、教えてもらいすぎるのは危険です。これは親子関係にもあてはまりますが、親が与えてばかりだと子はそれが当たり前と受け身になり、自ら考え、動かなくなります。依存心が芽生え、親がいないと何もできなくなるのです。

　教えてもらえないとなれば、どうでしょうか。少なくとも自分から考え、動くようになるでしょう。そうしないと何も始まらないからです。教えてもらえない、何もしてくれない、やってられない、と不満を口にしていても前には進みません。

　すぐに答えを出してくれるコーチもいれば、生徒に答えを考えさせるコーチもいるのです。「与えられたものは忘れてしまうが、自らつかんだものは一生忘れない」という言葉の意味をよく考えてみてください。

　手取り足取り教えてくれるコーチは良くないと言いたいのではありません。そこから学ぶことも多いはずです。しかし教えてくれないコーチからは何も学ぶべき点がないわけではありません。アカデミーに通っているのは誰ですか。テニスがうまくなりたいのは誰ですか。それは誰が決めたことですか。自分自身のはずです。主役は自分自身。であれば自分がどうするかで状況も変えられるということです。

　そのジュニア選手の上達したい気持ち

は非常に強いものでした。彼のコーチは確かに細かく教えてくれるコーチではありませんでしたが、その分、自分で考え、工夫するようになると、たまにコーチからもらえるアドバイスがすっと心に入ってくるようになったと喜んでいました。コーチはちゃんとすべてを見ていて、そのタイミングを考えていたのです。

「今までは試合で苦しい場面になると、親やコーチのほうを見たくなってしまったけれど、今では自分でどうすればよいか考えられるようになった」

そのジュニア選手の良いところは、コーチが何も教えてくれないと不満を言ってもやる気を失わなかったことです。「テニスが大好きだし、絶対にうまくなりたかったから」と笑っていましたが、その気持ちが成功の源になっています。

「汝自身の運命は、汝自身の胸中にあり」という言葉がありますが、自分の人生(テニス)は自分が握っているのです。アカデミーでも、コーチでもありません。自分の人生(テニス)がどうなるかは、自分がどうしたいか、どう考えるか、であることを憶えておいてください。

それはすなわち、自分がどのような人生(テニス)を歩みたいか、とイコールでつながっています。少し哲学的になってしまいましたが、そこがブレない人は正しい行動をとることができます。

自分を木にたとえた場合、見栄えのいい飾り物を枝葉につけるよりも、根っこを広げることを考えてください。そのほうが自然と木はたくましく育ち、器の大きい魅力的な人間になれると思います。

Chapter 4

「好不調の波」の正体

スランプとプラトーについて

自分が設定した目標に向かって、日夜どんなに必死に練習しても、なかなか結果が出ないことがあります。これを一般的に「スランプ」と呼んでしまいますが、学生が「スランプになりました。自分ではどうしようもありません……」と訴えてきたケースを細かく分析してみると、ほとんどの場合、スランプではなく『プラトー（高原現象／停滞の時期）』でした。

テニスやピアノやバイオリン、そして語学の学習のプロセス（学習曲線）を見てみると、練習量とパフォーマンスとの関係は、やればやるほど直線的に伸びていく（正比例）のではなく、上達しては止まり（プラトー期／学習の停滞現象）、止まっては上達するパターンを繰り返しながら進んでいくことがわかっています。スランプとは、学習レベルがピークに達しているのにもかかわらず、何らかの理由でパフォーマンスが急激に落ち込むことを指しています。

プラトーであれスランプであれ、人は自分のやっていることが目に見える成果として出てこないと、悩み、苦しみ、その結果、やる気までもそがれてしまいます。しかし、この悩みや苦しみの先に待っているものが何かを知れば、焦らずじっくり悩みながら、今すべきことを地道に積み上げていくことができるのです。

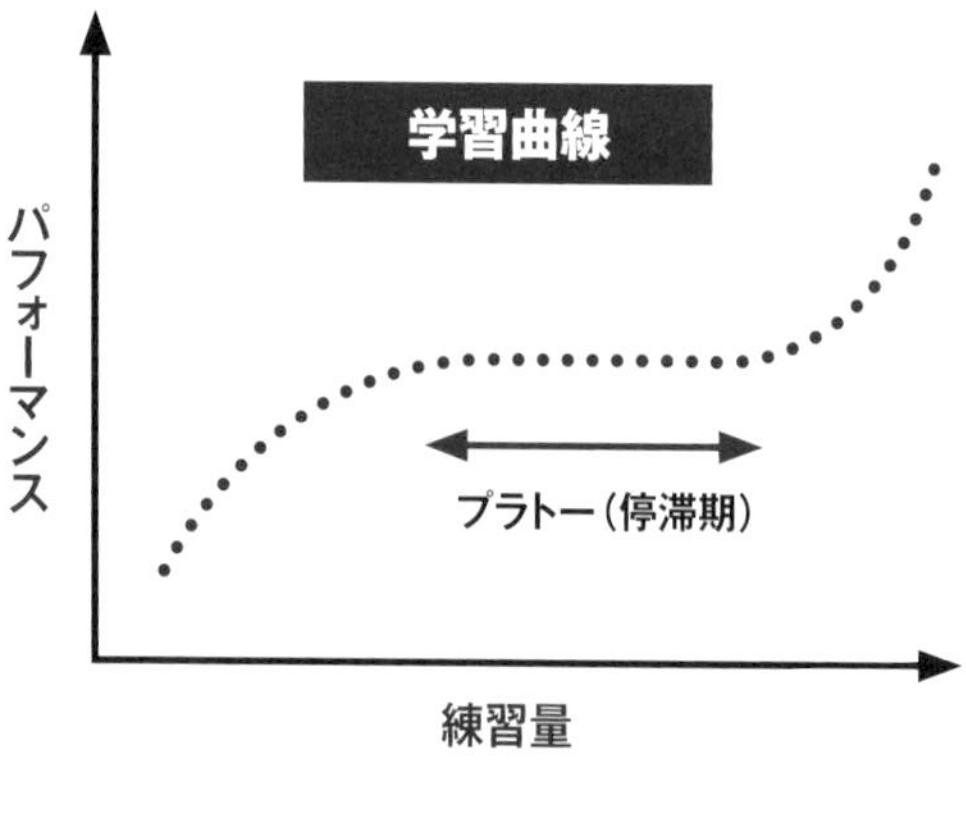

精神疲労の調査

スポーツでは、身体と心（精神）がバランスよく活動することが大切です。みなさんは、『内田クレペリン性格検査』というものを聞いたことがあるでしょうか。ランダムに並べられた数字を足し算していく作業を1分毎、行を変えながら、15分間連続して作業していきます。その後、5分の休息を経てまた15分やります。

　必死に計算をした結果、どうなるかというと、どんなに計算が得意な人でも、常に機械のように一定の量ができるわけではなく、1分毎の作業量に変化が生じるのです。その作業を精神作業としてとらえ、作業量の変化に着目して性格を見るというのが内田クレペリン性格検査です。5分間休んだあとは、前半よりも伸びます。最初（初頭）に頑張って、途中で少し落ち込んで、また最後に頑張る終末努力（ラストスパート）が見られるのが、精神的に健康な人の典型的な例です。

　逆に精神的健康度が低い人は、最初の頑張りが出なかったり、ラストスパートがなかったりします。ここで言いたいのは、人はどんなに一生懸命やってもパフォーマンスには波があり、一定ではないということです。朝があって、昼があって、夜がくるように、心の中にもそういうものが存在します。これを理解していないと、心身疲労困憊状態のときに、むやみに頑張りすぎてパニックを起こしてしまう場合があります。

「寒い冬は下へ下へ根を生やせ」という言葉がありますが、この時期は、焦らずしっかり悩んで次への準備期間にすることが大切です。テニスプレーヤーは一年中活動します。そのため、休むことに慣れていない場合が多く、「休めと言われてもどうしたらいいのかわからない」ということをよく聞きます。休めない選手というのは、テニスに関するスイッチを切れない場合が多いです。どうしても気になってしまうとか、やり続けているほうが安心するタイプの人です。だから充電ができません。しっかり休んだ人のほうが、やるぞという気持ちが湧いてくるものです。

　人の特性にもよりますが、出し続けている人は大きなパフォーマンスは出ません。身も心もしっかりリフレッシュさせれば、新しいものが見えてくるものです。ただ気にしているだけで何も解決しないことは多いものです。きちっと休んで、その後に集中してやりきるほうが仕事の効率は上がるはずです。

完全休息と積極的休息

休息には、「完全休息」と「積極的休息」があります。完全休息とは、スイッチをオフにすること。完全に心身を休めることです。積極的休息とは、心身は活動させていながらテニス以外の別のスポーツをしたり、ジョギングやストレッチングなどをすることです。その結果、テニスで使っていた神経・筋肉の回路とは別の回路が働き出し、テニスのときに働いている回路が安まります。

たとえるならば、理数系の受験勉強をして疲労困憊になり飽和状態になったとき、文系の勉強に変えてみると、理数系の頭が休まり効率よく勉強できることが知られています。休みがうまい人は仕事（勉強）がうまいものです。

また悩むにしても、浅く長くではなく、深く短くが基本です。ズドンと悩んで、底まで足をつけること。すると這い上がる勢いがつきます。

試合に負けた選手から、「どうしても勝てない。悔しい」という相談を受けることがあります。そのとき私が問うのは、本当に悔しいかどうかです。もし、そうならば、それを解決するためにもっと必死になるはずです。ただ「悔しい」で済ませていないか。解決するまでやりきる姿勢が必要です。練習を何時間やりましたではなく、このショットができるようにするためにどんな練習をしてきたか。大切なのは自分の実力をつけるための練習であり、勉強だということです。

こういう人に私は、悩んでいる自分に対してアドバイスをしてごらんと言うことがあります。すると、こうやればいいという答えを出してきます。大抵は何をすべきかを理解しているのですが、問題はその先です。

つまり、自分でそれをやりきる決断ができるかどうか。誰もチェックする人がいないので、そこで立ち止まっているケースが非常に多いのです。時間がきたから練習を止めるのではなく、一度、やりきるまでやってみてはどうですか。チャンピオンになる人は、本当にしつこいものです。「解決するまで寝ないでやりきる」。そんな執念と頑張りを持っているからこそ頂点に立つことができるのです。

Q 苦しい場面を乗りきる方法はいろいろあると思いますが、トップ選手の例を教えてください。（一般／男性）

A 無理に何かをせず、積極的に耐えながらチャンスを待つと言ったプロがいました。

苦しい場面になると、人は何かをしなければならないと思うものです。しかし、これは必ずしも正しいとは言えません。常に「挑戦的に、前向きに進んでいこう」というのは一見よい言葉に思えますが、前述した、寒い冬は下へ下へ根を生やすの言葉通り、じっと動かないで耐え、基礎をもう一度やり直すなどといったことも選択肢として考えてよいと思います。

実際にテニスのゲームでも、調子が悪いときやゲームの流れが自分にないときは、無理に何かをするのではなく、ボールの流れに逆らわず、ボールでコートに絵（軌跡）を描くつもりで、ボールを打ち返し続けるというプロ選手がいました。すると相手が動き出し、隙が出てくるのだと言います。これは、積極的に耐えながらチャンスを待っている確固とした戦術だと考えます。

スランプやプラトー（停滞）を経験したことのないチャンピオンは存在しません。チャンピオンは、勝てないときこそが自分を改革するために与えられた時間だと考えます。それを乗り越えた先に新しい自分が待っているのです。スランプとは、逃げれば逃げるほど襲ってくるものであり、正面から向かい合って乗り越えるものと考えれば怖いものではないのです。

ボールを打ち返し続ける！
無理に何かをしない
苦しい
積極的に耐えながら
チャンスを待つ！

Chapter 4

「自己像」を修正して格上に勝つ

立ち向かう心構え、大物食いの条件

ドローが発表されたとき、自分で想像して勝ち上がりを書き込んだ経験はありませんか。〝ああこの選手が出ているからここで負けるな〟とか、〝今回はあの選手が出場していないので、ここまでは勝てるかな〟とか。これは、あくまでも自分の考えであり、実際はわからないはずです。格上に勝ったり、大番狂わせを起こすためには、こういったネガティブな思い込みを変えて、自分が有利なように思い込む、それに尽きます。

通常、論理的な思考に従って、その誤った思い込みや固定概念を変えていく作業をしていきます。人はどうしても物事を悪いほうに考えてしまうものです。実力的に格上とやって接戦はするものの、大抵は追い詰めるところまでで終わってしまうことが多いはずです。それは自分の中で「接戦になる、追い詰める」イメージはできているものの、勝ちきるイメージを持っていないからです。結果、「善戦したね」と、負けても「所詮、自分はこんなものだ……」と妙に納得するのです。それを「セルフイメージ（自己像）」と言います。自分の限界を自分で決めているのです。

絶対勝てないだろうと思って、自由にのびのびとプレーして大物を食うというのはあり得ることですが、それ自体は稀なことです。ここでは、自分よりも格上の相手に立ち向かうときの心構えに注目してみます。

コーチが選手に対して、「どうだ勝てそうか？」と聞き、「いや、絶対に勝てないです」と選手が答えたのを、「いや、ひょっとしたら勝てるかもしれない」から「勝てるかもしれない」に、さらに「勝ってしまった」まで持っていく作業をします。ネガティブな思い込みを崩し、セルフイメージを大きく広げるための心理的な手法です。

もちろん、格上の相手に対して、「勝てない」と言うのは現在の正直なセルフイメージです。試合に入るまでに「隙あらば勝てるかもしれない。勝てるぞ！」

というところまで修正していくのです。勝てる可能性を10%と選手が言うなら、「勝つか負けるかは50%なんだ」と。これは勝負師の考え方です。次に、1回やったら1敗するかもしれないが、では5回やったら？　1回勝つかもしれない。そう思えるなら前進です。それでも勝てないというなら、100回なら、1000回なら、と考えていくわけです。もし、相手のコンディションが最悪で、自分が最高で、そのときが試合の日なら、とまで続きます。

　こういうふうに負けるために試合に行くという状態から、こういうふうに勝つために試合に行くんだというところまで、気持ちを整理整頓しておく作業は必要です。勝てないという思い込みを打破しましょう。

ゴール設定を再考する

　大物に勝つ方法は2通りしかありません。相手の油断か、自分のパフォーマンスがよいかです。

　まず、相手の大物選手が完全になめきってだらだらプレーしていたら、チャンス到来です。この相手だったら実力の半分で勝負しても勝てるという安易な思い込みをすることによって、ウォーミングアップやルーティーンなどの準備を怠り、パフォーマンスが低下するケースがあります。

　次に、自分の戦略や戦術が的中して勝利をものにするケース。試合前に普通の状態では勝てないなと考え、先制攻撃や奇襲攻撃を仕掛けます。この場合、最初のセットを取れれば最高と考え、たとえ

落としたとしても想定の範囲内、まだまだここからストーリーは続くと考えます。自分が描いているストーリーを2重にも3重にもしていくのです。だから、第1セットを0—6で落としてもOKです。簡単にセットを取った相手は、ここから気を抜く可能性が出てくるのです。

　そして、隙を探すのです。3—6で落とした場合は、3ゲームを自分がどのように取ったかを考えるのです。そこに勝利への糸口は見つかります。要するに、0—6、1—5の0—40など、どんなスコアになろうともすべては想定の範囲内。そこから勝利の糸を手繰り寄せるのがゲームです。本を読んでいて、ストーリーがわかったと決めつけて途中で止めてしまうのではなく、最後まで読むということです。

　実はその先に大切なこと、楽しみが待っているかもしれないのです。勝っているときでも、そこがゴールではなく、勝ちきるとき、突き抜けたところにゴールは設定しなければなりません。

行動を先にイメージ（シミュレーション）する

強い選手との対戦が決定して、イメージトレーニングをします。このトレーニングのあとに、選手に「どうだった？」と聞くと「負けました」という返事がくることがあります。本来イメージというものは自分自身が描くものであり、自分のいいようにコントロールできるはずです。しかし、イメージする相手があまりにも強かったりすると、妙に恐縮してしまい、イメージであっても勝つわけがないと、負けるイメージしか出てこない場合があります。それが自分の中に刷り込まれたものです。

そのときは、イメージをコーチがガイダンスしてやる方法が効果的です。「ラリーを何本もして、相手がネットした」「15―0、1ゲーム取った」「でも相手は後半盛り返してきた」、こうやっているうちに競り合って勝つイメージをつくり上げることができます。これはプレーの中のイメージですが、試合の内容だけでなく、会場の風景や朝起きてからの行動をあらかじめイメージしておくと、すべてが予定通りなので慌てなくなります。

これも自分の力を発揮して勝つための準備です。そのためには段取りをしっかり書いておくことが大切です。自分の過去の調子のいい日にはどうだったとか、ルーティーンの一日のバージョン、朝から一日、試合を終えて帰ってくる。試合のルーティーン、中身も書き並べておきます。これは前日でなく試合が決まったときからです。朝7時半に起きて……というのはやるべきことが最初にあるので、行動に移すときに迷わずできるのです。

例えば駅に到着してから、さてどこへ行こうかな？　切符売り場はどこかな？　と迷った末に買うのと、駅に到着したときには、行き先も切符売り場もどこにあるかわかって行動するのと、どちらがよいでしょうか？　テニスにおいてもすべては事前の準備が大切なのです。

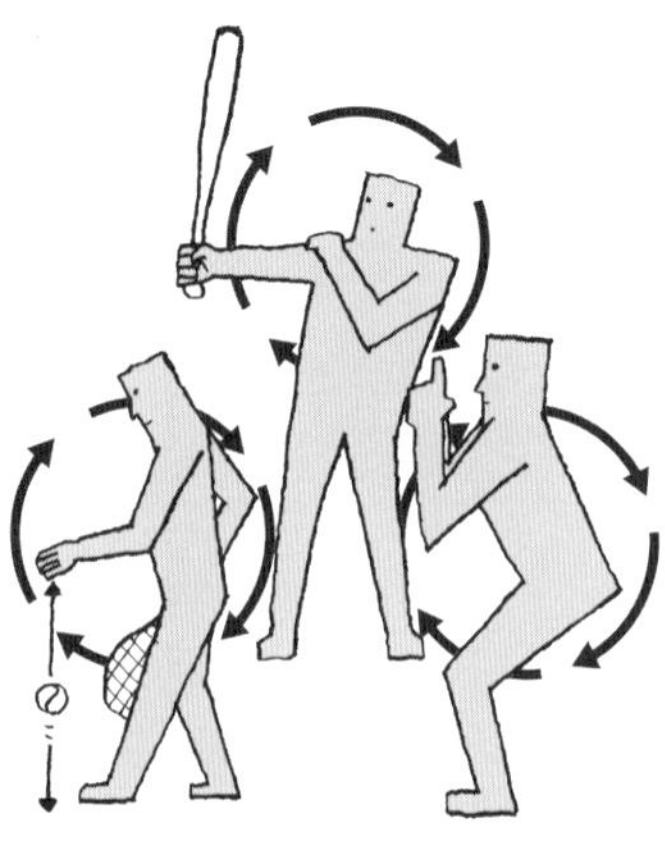

Q 実力はほとんど変わらないと思うのですが、対戦成績は一方的に負けています。克服する方法を教えてください。(学生／女子)

A 相手がどうやって負けるのか見たことがありますか? そこに勝つためのヒントがあります。

引き出しの差かもしれないですね。持っている技術をいかに使うか、それを生かすのは戦略や戦術などの構成力です。特にジュニア期においては、これを構築していけるかがのちに影響します。テニスの試合はパワーボールを打って勝つだけではなく、自分が持っている能力を対戦相手に応じてどのように使っていくかが大切です。詰め将棋的な要素があります。そういう戦略的な部分、得意なショットに持っていくまでのプロセスを再考してみましょう。

それから、自分に勝った相手が負ける試合を見たことがありますか? 通常、トーナメントでは試合で負けたらすぐに帰ってしまうことが多いわけですが、本当に勝ちたい選手は、自分に勝った相手がどうやって勝っていくのか、そしてどうやって負けるのかを見ています。なぜなら、そこに勝つための大きなヒントが隠されているからです。

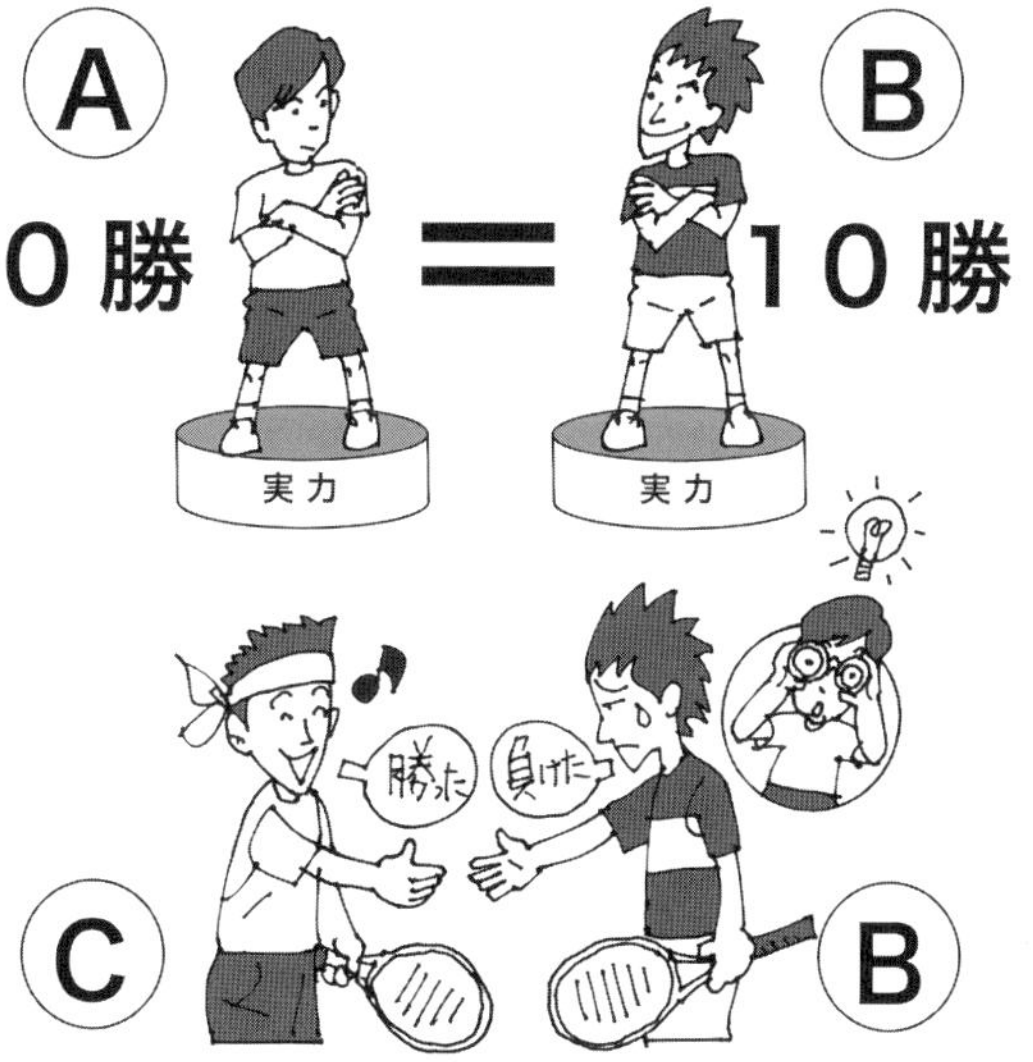

Chapter 4

ガッツポーズと心の関係

心の構造を知ると意図的に心をコントロールできる

ゴルフの石川遼選手が2010年頃、「ガッツポーズをあまりしなくなった」という話をしているのを耳にしました。確かにデビュー当時は、チップ・イン・バーディ以外でも、良いショットすべてにガッツポーズをしていた石川選手に、どのような心境の変化が起こったのかと気になりました。ここで、テニスにつきもののガッツポーズについて考えてみます。

　大切な試合で自分の実力を十分に発揮するためには、緊張や不安、そして恐れといった心理的な要因を上手にコントロールすることが大切です。ラファエル・ナダルは試合に入る前（ウォーミングアップを始める前）、まるで決闘に挑むかのように気合いを入れます。それは、それまでのテニスの常識を変えるものとなりました。今では私たちは、それがナダルの心理的特性に合ったものであることをよく知っています。ナダルも含め、世界のトップ選手たちのガッツの入れ方をじっくりと観察すると、「本当のガッツとは何か？」「ガッツポーズとは何か？」がきっとわかるはずです。

　人が持っているパワーを100％（生理的限界）だと仮定すると、理論的にはどんなに頑張っても、70〜80％程度（心理的限界）しか使われていないことがわかっています。従って、残りの余力を使うことができれば競技力が高まる……と考えるのは当然のことです。

　しかし、これはそう簡単にはできないメカニズムになっています。余力を発揮するためには「抑制」という「ブレーキ」を外さなければなりません。それでは、抑制というブレーキを外すためには、どのような方法があるのでしょうか？

　そうです。みなさんがすでにご存知のポジティブセルフトークや気合い、掛け声、そしてガッツポーズなどの身体表現は、興奮レベルを上げるための正しい心理スキルです。しかし、もっと大切なことがあります。それは、この気合いや掛け声、ガッツポーズを、いつ、どこで、どのように使うのかということです。

　一般的に日本人の心理的特性として、コート上で自己表現をすることが苦手な選手が多いようです。例えば、ポイント

を取っても、素晴らしいプレーをしても静かにプレーすることが多いため、コーチたちはメンタルトレーニングの中の興奮レベルを高める手法である「サイキングアップ」を中心に指導してきました。チームの元気を出すために、また自分自身を盛り上げるために、「ガッツポーズを取り入れてみなさい」と言うことになります。世界のトップ選手の闘志溢れる姿の表面だけをモデルに、こうすればと思う時期もあるでしょう。

しかし、次第に自分自身にとって一番よい方法を見つけるときがやってきます。学生の団体戦などで、ガッツポーズのオンパレードを見ると非常に残念に思うことがありますが、本当の意味で効果的なガッツポーズを考えてみることは大切なことです。

ガッツポーズのタイミング

世界のトップ選手のガッツポーズを観察してみると、そのタイミングが絶妙です。テニスに限らず何事も始まりと終わりは大切であり、終わりは始まりの次にきます。その切れ目でどういうことをするか。テニスでは、大事なポイントを取ったときや、セットを取ったときにガッツポーズが見られ、トッププレーヤーはいいタイミングで使います。

ロジャー・フェデラーがグランドスラムにデビューした頃は、感情の起伏が激しく、自身を抑えきれないで爆発させることがありました。しかし最終的には、静かに闘志を漲らせるところで自分をコントロールするようになっています。うまく調合するようになっていくのです。

石川選手も最初は、タイガー・ウッズのガッツポーズに憧れていたのでしょう。でも、それでは18ホールはもたないと気づいたようです。この自分自身で気づくということが大切なのです。

テニスの学校対抗などを見ていると、最初から吠えている選手を見かけます。それは、自分に恐怖感があるからそうするわけで、弱さを出していると考えられます。そのことがわかる対戦相手なら、きちんと相手の状況を理解して対処してくるでしょう。頭がクールで、心は燃えているゾーンという状態（精神的に安定、集中している）になれば、ガッツポーズをするよりも、ボールへの気迫などに人のパワーは向くものです。そこにはデコレーション的要素は何もないはずです。

人には必ず波があります。1球目から「カモン！　カモン！」と叫び続けては1試合もちません。一方、心の構造を知っている人は、心の状態が低くなっているときには意図的に自分を高め、高くなっているときはその状態を楽に維持していくというコントロール方法を使います。

プロになった人たちが、負けて悔しいと試合毎に涙を流していては神経がもちません。

パフォーマンスと興奮レベルの関係

人は、興奮系と抑制系に分けられます。スポーツにも興奮レベルが高いと、高いパフォーマンスが発揮されるものと、興奮レベルが低いほうが、良いパフォーマンスが発揮されるものがあります。前者はボクシングのような格闘技で、後者はアーチェリーや射撃です。アーチェリーで毎回ガッツポーズをするケースは見られません。テニスは、その中間よりもやや右寄り（図参照）です。

興奮系の人は、少し頑張れば燃え上がることが可能ですが、その反面、必ず落ちる時間帯があります。だから、興奮系の強い選手は、やるんだという気持ちを抑えてピークの場面を待つ傾向があります。一方、抑制系の人は、よほど頑張らないと沸騰しないので気持ちを上げる努力が必要です。そして、覚えておきたいのは興奮レベルのピークは短いということです。

石川選手はおそらく、ホール毎よりも全体を通して、ここがポイントだというツボがわかるようになったのでしょう。目の前のものすべてに全力でバーディーを取りにいくというよりも、ペース配分を覚えたはずです。テニスでもトータルで勝ちにどのようにもっていくかを考えるなら、通常は行くべきところ、抑えるべきところをわきまえ、コントロールできる人が最後は笑えるはずです。

つまり競技の流れ、ツボを理解すれば、興奮レベルを上げる必要があるときにこそパワーの使いどころがあります。ギアを上げるときにエネルギーが消耗していては、どうしようもないのです。

今の状態は呼吸、表情、しぐさに必ず表れます。だから、相手が弱気になっているとわかれば、そこで一気に落ち込ませるために、意図的にガッツポーズを使

うこともあるでしょう。こちらは万事がうまくいっているのだというメッセージを送ることで相手を意気消沈させるのです。

人は慣れることで適応します。雀も音が鳴ると最初は逃げるのですが、その後、空砲が続くと慣れます。人もジェットコースターに初めて乗るときと、その後は変わってきます。だからガッツポーズも相手に対する効果はこんなものだと思えば、大した問題ではなくなります。いつも声を出し続けるよりも大切なところで声を出せば効果があるのです。

ここぞという底力を出すときの方法も持ちたいものです。自分の特性を知り、相手の特性を知り、いつ何をするかという時期を知ることが大切です。世界のトップ選手の洗練されたガッツポーズをしっかり学んでほしいものです。そこにはテニスにとって大切な〝気高い品格〟が感じられます。

パフォーマンスと興奮レベルの関係

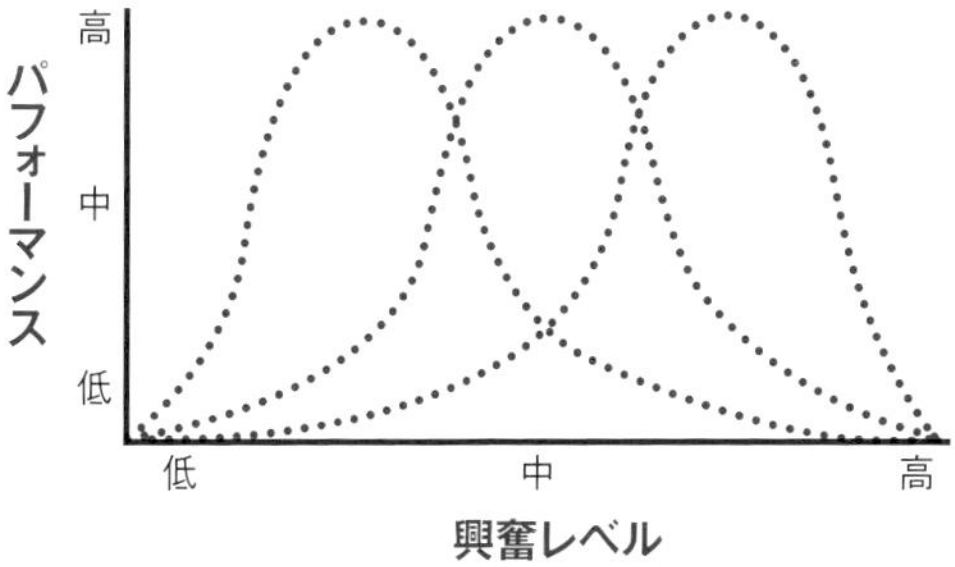

引用◎『運動学習とパフォーマンス』
（リチャード・A・シュミット著、調枝孝治監訳／大修館書店）

Chapter 4

敗戦から学ぶ

「負けに不思議の負けなし」――必ず原因がある

　ここ一番、人生を賭けた大切な試合で勝つためには、用意周到な準備をして挑むことが大切です。用意周到とは、用意が遍《あまね》くいき届いて、少しも手ぬかりがないことを意味します。しかし、これでもかと準備をしたつもりでも、思ったような結果が出ないことがあります。そんなとき、あなたはどのようなものの考え方や見方をするでしょうか。

　競技スポーツというのは、素晴らしさと同時に過酷な経験をさせてくれます。目標としていた試合に敗れたある選手が私にこんなことを言ったことがありました。

「自分で負けた原因を考えたのですが、まったくわかりません。これから何をしたらよいかもわかりません。もうテニスをやめたいです」

　プロ野球の故・野村克也さんが座右の銘にしている、「勝ちに不思議の勝ちあり、負けに不思議の負けなし」という言葉があります。これは肥前《ひぜん》平戸（長崎・平戸）の殿様で、心形刀流《しんぎょうとうりゅう》の達人・松浦静山が勝負の極意について述べたものです。負けた原因を冷静に分析してみると必ず原因があり、理由のない負けはないのだという意味があります。

　敗戦は嫌なものとして避けるのではなく、敗戦は学ぶチャンスだと受け入れることが大切なのです。敗戦から勝利へのステップに進むために、何が問題だったのかを知る必要があります。ぜひとも心技体の側面から冷静に考えてほしいと思います。

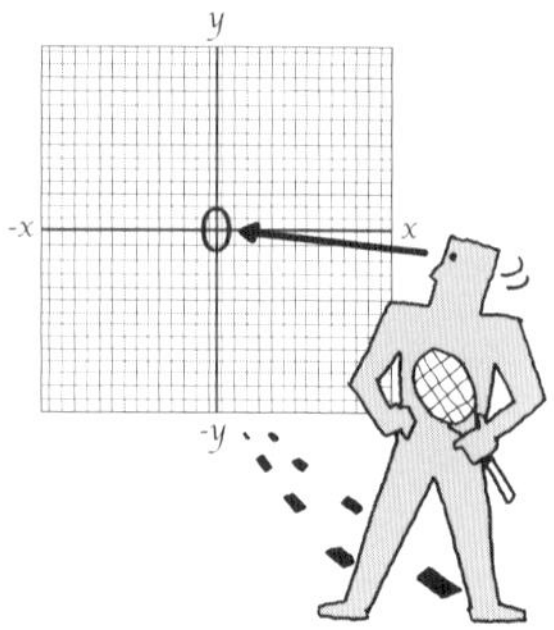

敗因分析と振り返り

　敗因分析と振り返りの作業が大切です。問題は何なのか、自分の外にあるのか、中にあるのかを考えてみます。緊張の原因は何だったのか。何が自分をそこまで緊張させたのか。原因があるから結果があります。負けたときにこそ原因を見つ

けておかないと、同じことを何度も繰り返すことになってしまうでしょう。敗因を分析しながら絡まった問題をひも解く作業をするのです。メンタル的に言えば、今は過去からの延長線上にあり、方向性はすでに決まっていたのです。一度立ち止まって、自分自身の思考の整理整頓をしてみましょう。

　もしあなたが長年努力して積み上げてきたものが、まったく報われない、歯が立たない……などという現実に遭遇したらどうでしょうか。コツコツと積み上げてきたことが、ガラガラと音を立てて崩れていくようなイメージが湧き出てくるはずです。そして、一瞬でやる気が萎えてしまうのではないでしょうか。

　テニスや仕事をするためには、身体も技術も大切ですが、それを支えている「やる気・モティベーション」が必要不可欠です。そこで効果的なのが、敗因分析に入る前の「振り返り」の作業です。今から時間を逆回しにしてください。1年前、3年前、5年前、10年前……どんどん遡っていきます（振り返り書き込みシートを使用／152ページに関連）。

　誰にでも第一歩はあり、あなたはこの世に生を受けました。ここに存在しているのは命があるからで、それだけで成功者です。いまメンタルトレーニングをしようとしている人には、うまくいかないことがあって悩んでいるのかもしれません。でも、うまくいかないことに出会えているということ自体が幸せなのかもしれない、という考え方もできます。そうして幸せの基準が変わっていったら、心に地獄が反映されるのではなく、一種の余裕が生まれます。前に進むためには、一旦立ち止まることも必要なのです。

原点（ルーツ）を振り返る

　テニスを始めたきっかけ、出会いを振り返りましょう。テニスをする上で何が面白かったのか、引きつけたのか、名プレーヤーとの出会いがあったかもしれませんね。「かっこいいな」「あんなプレーをしてみたいな」と、心がときめいたときがあるのではありませんか。それが原点であり、夢です。一番最初の「こうなりたい」ということは、誰からも制約されない自由な自己イメージです。この自由な気持ちが物事に自分が挑戦していく上で、スポーツ上で一番重要なものです。そのときのことを考えると、今できなくても心が解き放たれます。今の自分はさまざまな経験が影響して、本当はあきらめなくてもいいものをあきらめているかもしれませんね。もっとのびのびと勇敢に攻撃的にプレーしたほうがよいのかもしれません。それなのに、勝ち上がるための戦略や戦術としてベストだと考え、守備的なテニスを選んできました。本来、自分が目指していたテニスとは違うテニスを構築してきたのだと気がつきます。こうして振り返りの作業を通して自分の選択を知ることができ、出直しができます。

書き出す効果

日記をつけている選手は、それを振り返って読む時間をつくっています。印象に残っているプレーはどんなプレーですか？ 誰でも、非常に良いプレーと悪いプレーが刻まれているものです。書き出してみてください。両方を自分のエネルギーにしていくと、きっと新しいものに出会えます。悪いものはすぐに忘れなさいではなく、悪いものも自分のプレーの中に生かしていきましょう。避けること自体、それに恐れを感じているわけです。それを書き出して、次に見たときにも〝そういうことがあったな〟と、決着がついていることが大事です。新しいものをスタートする前に、いったん立ち止まり、過去の流れを見て方向性を頭に入れておくのです。

人と話す効果

人と話をすることで、大切な部分に気づくようになります。ただし、相手は誰でもよいわけではありません。話す人によって問題が解決したり、複雑になったりするので、できればニュートラルな立場で話せる相手を探すことです。

ただ、現実的には自分のことを他人に話す時間はあまりないものです。そういう相手がいないときは自己対話になります。振り返り書き込みシートを使用して、自分のテニスを支えているキーワードが何なのかを見つける作業をしましょう。

自分の根っこの部分に焦点をあてることはなかなかしないことかもしれませんが、そこにいろいろなヒントが隠されています。木にたとえるなら見えない部分ですが、そこが育たないと枝葉は大きくなりません。もしも、その根っこを考えてみて何もなければ、強い風が吹いたときは必ず倒れてしまいます。そうならないためには、根を張る作業、つまりものの考え方、見方、生き方といったその人の哲学を構築しなければなりません。

振り返り書き込みシート　記入項目

氏名

① いつ、どこで、誰の子供として生まれましたか？
あなたの名前の意味も書いてください。

② いつ、どこで、どのようにテニスと出会いましたか？

③ テニスを始めた頃の夢や目標を書いてください。

④ 印象に残っている過去最高のプレーを具体的に書いてください。

⑤ あなたのテニスの基本となっているものの見方や考え方を書いてください。その考えに納得していない場合は、その理由や原因も書いてください。

⑥1年後、3年後、5年後、10年後のあなたは何をしていますか？
具体的に書いてください。

1年後

3年後

5年後

10年後

Chapter 5

モーターラーニング

（運動学習理論）

Chapter 5

プリショット・ルーティーン

理想的な精神状態「チャレンジ・レスポンス」

一般の学生から、「テニス選手はサービスを打つ前にボールを地面に何度もつくのはなぜですか?」と聞かれることがあります。結論から言えば、これはプレーを始める前の最終段階の儀式であり、ボールをつきながら、さらに深く集中力を高めています。最後のバウンドが終了したとき、モーションへのスイッチが自動的に入ります。

いい選手であればあるほど、打つ前にいつも一定の行動をすることが知られています。それを「プリショット・ルーティーン」と呼んでいます。クライマックスに入っていくための系統だった流れであり、それをやることで心技体の調和がとれるのです。一流選手は実際のプレーをきちんとしたものにするために、事前の準備をしっかりしています。

テニスは試合中、実際にボールを打っている時間は、全体の約2割にすぎません。残りの8割をどう使うかが重要であり、それによってその後のパフォーマンスが決まると言っても過言ではありません。ですからボールを打ったあと、何の意味もなくダラダラとボールを拾ったり、漠然と相手を見ていてはいけません。その時間をどのように使うかが成功のカギとなります。

ジュニア選手の試合中の行動を観察すると、ポイントを取ったときには元気が出て、失ったらがっくり肩を落とすといった状態になります。アメリカのスポーツ心理学者、ジム・レーヤーによれば、プレー中の感情は4つの反応、①あきらめ、②怒り、③びびり、④挑戦（やる気のある状態／チャレンジ・レスポンス）を行ったり来たりしていると述べています。

はじめに、「あきらめ」の反応について説明します。この状態になっている選手は、闘争心や忍耐力がまったく見られません。大切な試合であるにもかかわらず、投げやりな態度で、行動はダラダラとしています。「ダメだ……できない……」といったネガティブなセルフトークが多くなるのが特徴です。

次に「怒り」の反応です。「怒り」は「あきらめ」より一歩前に進んだ状態です。闘争心は「怒り」の感情となって表現さ

れます。例えば、自分の失敗に対しても自分自身を罵倒したり、叫んだりして、セルフコントロールが効かないことが多くなります。他人に対しても自分に対してもアグレッシブ（攻撃的）ですから、ちょっとしたミスやトラブルによって集中の意図がプツンと切れてしまうことがありますので、気をつけなければいけません。

そして、「びびり」の反応です。この状態になるとプレー中の行動は概ね速くなり、セカセカしてまったく落ち着きがありません。視線は定まらずに心拍数や血圧は上がり、筋肉は硬くなるでしょう。

しかし、心配しないでください。一般的に「びびり」は精神的弱さの象徴のように考えられてきましたが、実は「びびり」の反応こそが戦う理想的な精神状態である「チャレンジ・レスポンス」に近いものだと言われています。いうならば、「びびり」はグッドサインなのです。トップ選手のほとんどは神経質であり、試合前は「びびり」を感じていることが報告されています。ロッカールームで恐れ、迷い、不安など「びびり」と正面から勝負して乗り越えてきているからこそ、試合では堂々とプレーできるのです。

最後に「チャレンジ・レスポンス」について説明します。過去のプレーを振り返ってみてください。こんなにうまくいっていいのかというときが、1回か2回はあるのではないでしょうか。それを一般的に「ゾーン」「フロー」、そして「ピークパフォーマンス」と呼んだりしますが、レーヤーはその心の状態は「挑戦」のステージになっていると言っています。

ジム・レーヤーによる
プレー中の感情の変化を表したもの

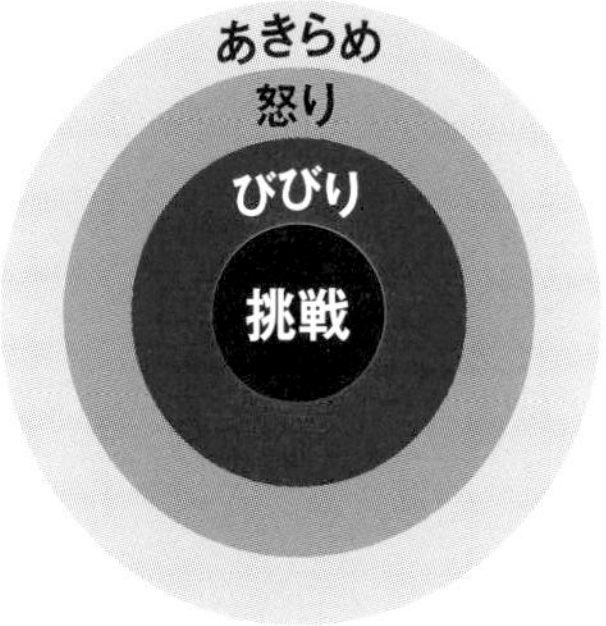

「挑戦・チャレンジ」の状態では、恐れ、迷い、不安などのネガティブな感情は不思議と起こってきません。たとえ失敗しても、次は大丈夫、ベストを尽くす……などといった前向きな気持ちが湧き起こってきます。この状態になっていれば、ピークパフォーマンスを発揮できる可能性が高くなります。

優秀な選手は、このチャレンジの精神状態をつくり出すためのレシピを知っています。その秘密は、準備（プレパレーション）の仕方にあります。ボールをうまく打つためには、ボールを打つことに集中するのは当然であり、もっと大切なのは、ボールを打つ前の段階だということを理解しています。そこで高い集中をすることによって、打つ段階ではリラックスした状態をつくることができるのです。つまり、打つ前に結果が決まっているということを忘れないでください。

ボールを打つ前の時間「4つのステージ」

ボールを打つ前の時間は、４つのステージで考えられます。

まず第１ステージが「ポジティブ・フィジカル・レスポンス」です。これは身体に積極的な反応があるということです。ポイントが終わったら身体に力を入れるとか、ガッツポーズに見られ、ポイントを失ったとしても行われます。往年の名プレーヤー、ビヨン・ボルグのように表面上はガッツポーズは見せませんが、心の中で「よしっ」と力を入れているケースもあります。逆にネガティブな選手はこういう反応がなく、「何だよ」とかブツブツ言ったりしているでしょう。喚き散らす選手もいます。

第２ステージは「リラクセーション」です。深呼吸したり、手を振ったりします。よくストリングスを触る選手を見かけますが、アイコントロールすることで集中力を高めているのです。一方、未熟な選手においてはポイント後も緊張が持続しており、いきなりボールを打ってしまうのでミスショットになりやすいです。

第３ステージは「プレパレーション（準備）」です。打つ前の準備段階において、相手を観察したり、どんなボールをどこへ打つかの選択をしています。状況判断をする時間です。

そして、第４ステージが「リチュアル（儀式・癖）」、最後の儀式です。打つまでの最終手段で、サービスを打つまでにボールを地面に何回つくなどはすでに決まっていることです。運動時間を一定にすることで身体はそのように動くのです。野球のピッチングもそうですが、セットしてから投げるまでの時間は、調子のいいときは一定です。調子が崩れると、あるときは速く、あるときは遅くなったりします。テニスのサービスもそうで、トップ選手はいつも同じ運動時間で行っています。

ルーティーンの中にプレーがはまると乱れない

こうしたルーティーンの中にプレーがはまると、乱れません。これは自然に備わってきたものですが、コーチ学の立場からすれば、その中にこそ秘密があることを知ってください。

例えばミスショット直後に、「どうしてダメだったのか」と悔いる時間を長くしないこと。ただちにネガティブな気持ちを断ち切るため、「ポジティブ・フィジカル・レスポンス」を実行して悪い流れを断ち切ってください。逆にいいショット後には、「よし、これでいいんだ」と心と身体に覚え込ませてください。こういう態度が自信となって表現されます。

緊張とリラックスは対になっていて、身体にグッと力を入れたあとは、スッとリラックスするので、さらに次に力が入るものです。ずっと緊張を高めたまま次のパフォーマンスを迎えてしまえば、いいプレーはできません。集中力を切らさないための波をうまくつくっていきます。

サービスのときは、いったんベースライン後方に数m下がってから前進して、サービスのポジションに入ってください。サービスを打つときはトスを上げる前に、頭の中で何をすべきかしっかり決めてからボールを打つことです。やるべきプログラムが頭にないとうまく行動できません。それをスムースにしてくれるのが最後の儀式です。

心と身体の調和がとれていると高いパフォーマンスが発揮されます。これは一日の生活のリズムと同じで、しっかり働き、きちんと睡眠や食事をとっていればいい活動ができます。歯磨きして、コーヒーを飲むというルーティーンが、「今日もやるぞ」という気持ちにさせてくれるのです。

最高のパフォーマンスを発揮するときというのは、プレーする前に押えておかなければならないことがあります。ボールの方向は、ボールとラケットがぶつかるインパクトが決定します。しかし、その前段階やさらにその前といったように、遠いところに大切なものが隠されていることを再確認してください。初心者の人は打つ瞬間だけを頑張ろうとしますが、もっと前の時間に目を向けましょう。短距離選手なら誰でもヨーイ、ドンと合図から100mを一生懸命走ります。でも本当に強い選手は1日前、さらにその前、そして1ヵ月前からやっていることが違います。ですから、テニスプレーヤーもポイント間の時間をうまく使うことです。そして1日、1年をうまく使うと、すべてがつながってきます。

Chapter 5

心身と相関する呼吸法

マッチポイントの「あがり」状態

マッチポイントでは、握ったほうも握られたほうも「緊張・興奮」するものです。緊張や興奮は必ずしもマイナスではありませんが、過剰になると実力発揮を妨害する要因となります。その状態を一般的には「あがり」と呼んでいて、脳の覚醒水準が異常に高くなりすぎて、心身のコントロールができなくなった状態を意味します。

図は、緊張・興奮とパフォーマンスの関係を示したものです。興奮の高低を横軸に、パフォーマンスの高低を縦軸に表しています。この図からわかることは、適度な緊張・興奮状態が最高のパフォーマンスを発揮するものであって、低すぎても高すぎてもいけないということです。

「あがり」の状態での心身の反応（心理的反応）は、次のようなものがあります。

①失敗するのではないかといった不安や恐れの感じが強くなる
②何をしたらよいのか考えがまとまらなくなる
③イライラする

一方、身体的（生理的）な反応を挙げてみましょう。

①心拍数・脈拍が高くなる
②喉が渇く
③血圧が高くなる
④呼吸が乱れる
⑤頻尿（トイレが近くなる）が起こる
⑥手に汗をかく（精神的発汗）

などがあります。

「あがり」の対処法

「あがり」の状態になると、前述したように不安や恐れ、迷いが生じてくるとともに、心臓は高鳴り、胸が締めつけられたような感じになります。高鳴る心臓をコントロールするために、あなたはどのようにしますか？

心臓よりも、まずは呼吸に注意を向けてください。自分の意識で心臓そのものを速く動かそうとか、止めろと言っても無理なものです。しかし、コントロールする方法があります。それは「呼吸」です。

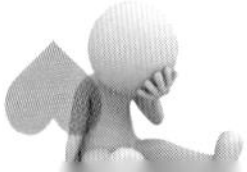

参考◎『スポーツメンタルトレーニング教本』（大修館/2016）

緊張・興奮とパフォーマンスの関係

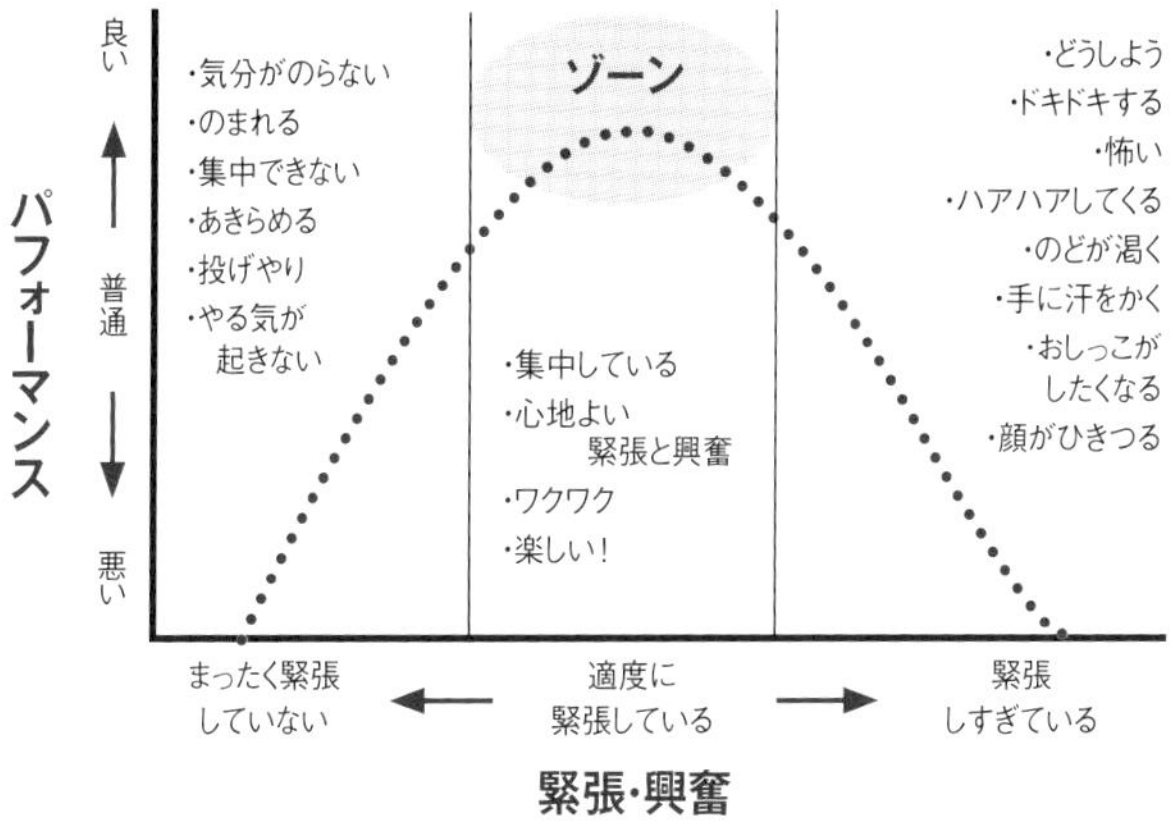

ゆっくりと呼吸すれば心拍数は落ちていき、早くすれば上がります。呼吸は、心と身体のコントロールと相関しているのです。

　スポーツは間の取り合いです。タイミングやリズムもまた呼吸と深い関係があります。要するに呼吸は、心や身体をコントロールするためのスイッチなのです。

　スポーツ選手にとって呼吸は大切だと知っているものの、それをしっかり訓練している人はほんのわずかです。感情や身体をコントロールするための呼吸法には、「腹式呼吸」「胸式呼吸」をはじめとする多くの種類があります。

　表は、良い状態と悪い状態を比較したものです。自分の呼吸が安定していたり、

パフォーマンス（良い状態と悪い状態）対比表

	自律神経機能	イメージ	身体	呼吸
Good パフォーマンス	自律神経系が正常	前向きな思考で挑戦的である	筋肉が柔らかく、心身がリラックスしており、動きがスムースで調和がとれている	「腹式呼吸」で深くゆったり規則正しい
Bad パフォーマンス	自律神経系の乱れ（心臓がドキドキ）	マイナス思考で不安を抱いている	筋肉が硬く、緊張しており、動きがぎこちない	「胸式呼吸」で浅く不規則な呼吸

身体が自由自在に動く状態というのは、自律神経系が正常に動いているということです。一方、悪い状態というのは自律神経が乱れ、過度な心拍数の上昇、のどの渇きといった症状が起きてきます。この対照的な状態を呼吸から比べてみると、良いときは「腹式呼吸」で細く長い呼吸をしているのに対し、悪いときには「胸式呼吸」で荒い呼吸になっています。従って意図的に良い状態をつくるためには、まずは「腹式呼吸」から始めて、心身をリラックスさせ、前向きな思考でプレーすることが大切なのです。ここ一番では、自律神経系をコントロールして正常にし、ベストパフォーマンスを発揮してください。

自律訓練法

競技成績と心技体、そして呼吸とは密接な関係にあります。心技体のバランスがとれていれば、息(呼吸)は定まり、高いパフォーマンスが発揮されます。しかし、呼吸が乱れれば技も乱れ、競技成績は悪くなるというわけです。これらをコントロールするための方法として自律訓練法がありますので紹介していきましょう。

姿勢

仰向けに寝て、両足はくっつくと緊張が起こるので、自然なVの字に開きます。手のひらは下に向けて伏せ、身体につかないようにして指は自然に伸ばします。または、足が浮き上がらないように椅子に腰掛けます。腿はわずかに開き、腕は大腿の中央部にのせ、手と指を両膝の間に自然に垂らします。このとき、両手の指が触れ合わないようにします。

呼吸

目を閉じて、下腹がグーッとへこむくらい息を吐き出します。そして、下腹を膨らますつもりで大きく息を吸い込みます。吸い込んだ頂点で2~3秒息を止めて、ゆっくりと吐き出します。この「腹式呼吸」に慣れてきたら、暗示語（頭の中で言う言葉）を入れて練習します。

「息を吐くたびに全身の力が抜ける」
「気持ちがとても落ち着いている」

標準訓練

暗示語を頭に入れて訓練に入りますが、無理にそうなろうとしたり、そうなることを強く期待したり、なぜそうなるのかなどを考えてはいけません。ただゆっくりと暗示の言語を頭の中で唱え続けますが、スクリーンの字幕のように頭の中に描いてもよいです。あくまで焦らず、ゆっくりと無心でやることです。以下の順序と方法で行います。

①重たい感じの練習
②温かい感じの練習
③心臓調整
④呼吸調整
⑤腹部の訓練
⑥ひたいが涼しい感じの練習

（※以下は、前記の①から⑥の実践です。左に読み進めながら実践していく感じです）

①重たい感じの練習

姿勢は、仰向けでも椅子に座ってでもどちらでもよいです。四肢の重みの練習、つまり身体の重みを感じる訓練で、心身のリラクゼーション効果を狙います。呼吸の調整によって心身はかなりの安定状態にあるので、次の順序で行ってみます。

気持ちがとても落ち着いている
右手が重い、右手がおもーい(数回)
気持ちがとても落ち着いている
左手が重い、左手がおもーい(数回)
気持ちがとても落ち着いている
両手が重い、両手がおもーい(数回)

気持ちがとても落ち着いている
右足が重い、右足がおもーい(数回)
気持ちがとても落ち着いている
左足が重い、左足がおもーい(数回)
気持ちがとても落ち着いている
両足が重い、両足がおもーい(数回)
気持ちがとても落ち着いている
両手両足が重い、
両手両足がおもーい(数回)
気持ちがとても落ち着いている
全身が重い、全身がおもーい(数回)

身体がずっと沈んでいく
気持ちがとても落ち着いている

訓練は右手から始まって左手、両手と進み、足も同様です。重いというのは、筋肉が脱力するからそうなるので、緊張や硬くなることとは違います。リラックスすれば手は重く感じるものであり、筋肉が緊張していては頭も安らぎません。人間が立った状態で眠れないのは、その姿勢を保つために筋肉が終始動いていて、その刺激が脳に伝わるからです。身体の重みを得ることが心の緊張を解くことの前提条件となります。

②温かい感じの練習

①と同様の方法と順序で、「重い」という箇所を「温かい」に置き換えてやってみましょう。本来、筋肉がリラックスしていれば、抹消の毛細血管が開くので温かく感じるものです。赤ん坊が眠くなると温かくなるのもそういうことです。緊張が解けていなかったり、自己コントロールができていなければ温かくなりません。

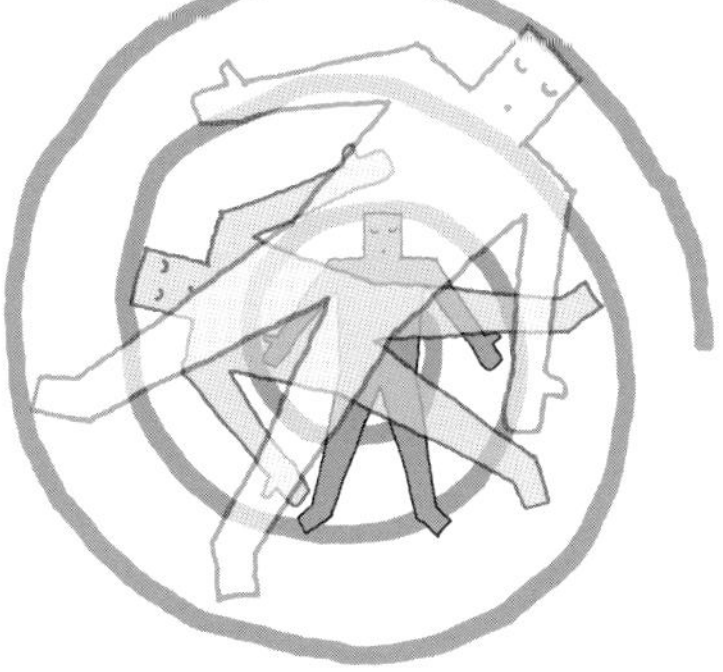

③心臓調整

気持ちがとても落ち着いている
心臓が静かに規則正しく打っている(数回)

心臓が静かに規則正しく打っていると思うことによって、そうすることができます。

④呼吸調整

気持ちがとても落ち着いている
ラクー(楽)に呼吸している。
とてもくつろいでいる(数回)

⑤腹部の訓練

気持ちがとても落ち着いている
みぞおちのあたりが温かーい(数回)

⑥ひたいが涼しい感じの訓練

気持ちがとても落ち着いている
ひたいのあたりが涼しーい(数回)

Chapter 5

「修正能力」を高めよう

♥やってみよう！ ゲームを部分的に振り返る方法

3セットマッチの試合で、第1セットは一進一退の攻防。どちらも譲らず、タイブレークに突入しました。そのタイブレークも競り合いとなり、最後は12―10というポイントで決着。すぐに第2セットが始まりますが、ここでみなさんに質問です。みなさんが第1セットを失った立場だとしたら、どんなことを考えて第2セットに臨みますか？

「まだまだ、ここから」

「絶対に挽回する」

「集中して戦おう」

多くの人が、このようなことを考えるのではないでしょうか。しかし、第2セットも競り合いになると思いきや、意外や意外、0―6、1―6など、一方的な展開となってしまうことは少なくありません。

あるいは、大量リードで勝利を目前としている選手が、あと1ポイントをなかなか取りきれないでもたついていると、いつの間にか追いつかれ、追い越され、逆転負けを食らうこともあります。

こうした選手の共通点は何だと思いますか？ 確かにメンタル面の問題もあるかもしれませんが、「メンタルが弱い」で片付けてはいけません。私は「修正能力」の欠如だと考えます。挽回するぞ、と思っていても、どうやって挽回したらいいのかわからない（できない）のです。だか

ら気持ちばかりが焦り、ズルズルと戦ってしまうのです。

それでは「修正能力」というのは、どうすれば身につけることができるのでしょうか。それはやはり日頃の試合や練習での意識づけです。

例えば、試合を振り返るとき「勝ったか、負けたか」「良い試合だったか、悪い試合だったか」だけで振り返るのは得策とは言えません。あまりに漠然としているからです。その振り返り方、考え方は非常に損で(もったいなくて)、それだけで終わってしまいます。勝った試合は良い試合で、負けた試合は悪い試合となりがちなのです。

3セットマッチの試合でフルセットを戦ったなら、1セットごとに振り返ってみましょう。そうすると試合を3回も振り返ることができ、さらにその内容を掘り下げていけば、自分がどうやってポイントを取っていたか、取られていたか、そのパターンが見えてきます。1ゲームごとに振り返ってもいいでしょう。そうやって部分的にとらえ、振り返ることができれば、修正する能力は必ず高まっていきます。そして同時に、挽回できるチャンスは試合中に何度もあることがわかるでしょう。

練習で考えてみます。一日の練習を振り返ったときに、「今日の練習はよくできた、できなかった」では漠然としすぎです。しかし、午前と午後で分けて考えれば、練習を2回振り返ることができます。午前の練習を終えたときに、悪かったこと(できなかったこと)があれば、午後の練習で修正していくのです。その繰り返し、積み重ねが修正能力を高めていくことにつながります。

この方法だと、午前の練習が終わったときに自分の中で考える作業が必要になります。何ができて何ができなかったのか。それをするためには、どういうことに注意すればいいのか。それを午後の練習で試すのです。

第1セットを接戦のタイブレークで落としたときに、悔しい気持ちはわかります。しかし、まだ試合に負けたわけではありません。落胆している暇があったら、即座に第1セットを振り返り、第2セットから修正すべき点を考えます。

錦織圭選手はファイナルセットに強い選手と言われていますが、それは修正能力が高いからです。第1セットを接戦で落としても決して慌てません。そのデータを即座に分析し(振り返り)、第2セット以降の戦いにつなげているのです。第1セット＝1回目のパートでうまくいかなかったことを、第2セット＝2回目のパートの最初から即座に修正していくのです。

修正能力が低い人は、こういう考え方ができません。第1セットのタイブレークを落とした悔しさが頭から離れず、自分は大きなチャンスを失った、それは早く忘れて次を戦おうなどと、やり過ごしてしまいます。それは実にもったいないことだと思いませんか。修正能力を高め、劣勢からでも挽回できる選手になってほしいと思います。

練習や試合で大切なこと

練習や試合で大切なことは、自分なりの修正点、そのキーとなるポイントを見つけ出す作業です。例えば、試合で緊張した場面になるとボールがアウトすることが多くなる傾向があるとしましょう。そのときに「なんで！　なんで！」と叫んでいるだけの選手がいますが、それでは何も解決しません。漠然とボールを入れにいってしまう選手もそうです。もっとも良い方法は、どうすればアウトにならないか、どうやったら入るようになるのか、自分なりの修正ポイントを持って解決していくことです。

それは「ボールをよく見る」「足を動かす」といった漠然としたものよりも、「これをこうする」というように具体的なほうがベターです。それは日頃の練習から常に意識して身につけておくべきでしょう。練習では、自分なりの修正ポイントを身につけることがもっとも重要だと言ってもいいかもしれません。

テニスに限らず、試合に強い選手というのは、その状況にしっかりと対応できる選手です。ヨットの選手は自然、風が相手です。どれだけ準備を重ねても、レース当日の風がどうなるかなど誰にもわかりません。予想しないことも多々起きるそうです。それでもレースに強い選手は、その状況にうまく合わせて乗り切っていくそうです。それはやはり、こういうときはこうする、このときはこう、こうきたらこうだと、自分なりの修正ポイントを持っているからではないでしょうか。予想外のことが起きても、過去の経験から最良のポイントを引き出すことができるようになりましょう。気持ちや運だけで何とかなるほど甘くはないと思います。

どんなに万全の準備をして絶好調だったとしても、試合に勝てるとは限りません。でも逆に考えれば、準備をしていなくて絶不調でも負けるとは限らないことになります。つまり、試合では〝何が起こるかわからない〟ということです。ですから、どんなことが起きてもイライラしてはいけません。予想外のことが起きても「そういうこともあり得る」と考えられる前向きな気持ちでいましょう。そして、目の前で起きている状況を冷静に把握し、修正すべきことは修正し、自分のやるべきことに集中してください。

試合が始まり、終わるまでには長い時間がありますが、その途中でうまくいかないことは必ずあるのです。テニスはミスが許されるスポーツ。そのミスを修正しながら、最後の最後まで勝つための努力を続けられる選手が、最後に勝利をつかむことができるのです。

勝者は勝つための理由を探し、敗者は負けるための理由を探す

こういう選手を見たことはありませんか？　負けそうになると首を傾けたり、足を引きずったり、どこか痛そうな態度をとる選手です。まだ試合が終わっていないのに、もう負けたときの言い訳を探しています。調子が悪かった。体調が万全ではなかった。だから負けた。万全だったら負けない。そういうアピールです。子供が学校を休みたいときに大げさに咳をしたり、つらそうにするのと同じです。両親もコーチも、周りもすべてお見通しですよ。

勝者のメンタリティーは逆です。負けそうになったとき、そんな態度は決して見せません。どうやったら挽回できるかを考えます。何か手はないか、こうしたらどうか、まだこの手があるぞ、相手も重圧がかかるから逆にチャンスだ、などと勝つ糸口を探します。なぜなら、試合はまだ終わっていないからです。挽回のチャンスが残されているのです。

松岡修造さんがよく言う言葉、「崖っぷち、大好き！」の状況です。追い込まれた状況から逃げることを考えるのではなく、崖っぷちにチャレンジして、ピンチをチャンスに変えていく——そんな選手になってほしいと思います。

Chapter 5

グレーディング（力感覚）能力を磨く

「つもりと実際」の誤差を知る

「しっかりと打っているのに、どうしてアウトするのかなあ」
「ちゃんと練習を積んできたのに、なぜうまくできなかったのだろう」
「よく話し合ったのに、あの選手はまったくわかってくれない」

　テニスコートにいると、こんな声がよく耳に入ってきます。愚痴といっていいかもしれません。毎日、毎日、何時間も一生懸命ボールを打ち続けているのに、さっぱり上達しない。自分の努力がまだまだ足りないのか……。しっかりとやっているのに、どうしてできないのだろう。テニスコートだけでなく、学校でも職場でも聞こえてくる声かもしれません。

　どうしてだと思いますか？　と聞かれたら、私はこう答えるでしょう。「やったつもりになっているだけで、実際はできていないからです」と。しっかりと打っているのではなく、打っているつもり。ちゃんと練習を積んできたのではなく、練習を積んできたつもり。よく話し合ったのではなく、話し合ったつもり。自分ではしたつもりが、実際はつもりなだけでやっていない、できていないのではありませんか？

　2006年の読売新聞に掲載された記事を要約します。東京大学の大築教授が体育の授業中に、こんな面白い実験をしたそうです。2人1組で握力測定を行うのですが、まずは自分の100％＝最大握力を測定します。その数字はあえて本人には知らせず、パートナーが次の指示を出していきます。

「次は80％の力を発揮してください」
「今度は60％、40％、そして最後は20％の力を発揮してください」

　本人は100％の感覚だけを頼りに、パートナーの指示があった80％、60％、40％、そして20％の力で握力計を握り締めていきます。

　例えば、最大握力が50kgだったとしたら、80％の力なら40kg、60％なら30kg、40％なら20kg、そして20％なら10kgの数値となるはずです。もちろんピタリとその数値を出せるはずはありませんが、それに近い数字なら簡単に出せると思うでしょう。

　しかし、これがなかなか出せないのです。自分の感覚と数字がだいたい同じ学生も確かにいましたが、20％も80％も

ほぼ同じという学生も大勢いたのです。つまり力の加減がわからない、できないのです。ちなみに講義のタイトルは「つもりと実際」です（みなさんも握力計で試してみてください）。

この話をヒントにテニスでも実験をしてみました。私はテニスの中級レベルの学生30名に協力してもらい、まずは自分でバウンドさせたボールを１００％の力で思いきり打つようにお願いしました。そのときのボールスピードをスピードガンで計測し、次は80％のスピードで、次は60％で、次は40％で、そして最後は20％の力で打ってもらいました。

そうしてデータをつけていくと、力加減と実際のボールのスピードがほぼ比例する選手もいれば、ほとんど比例しない選手もいることがわかりました。握力の話と同じ結果です。

表は、それぞれの課題におけるボールスピードの平均値と最大値および最小値を％値で示したものです。これを見ると、80％課題では平均78％の値で誤差は＋2％。60％課題では平均66・4％の値で誤差は＋6・4％、40％課題では平均53％の値で誤差は＋13％、20％課題では平均44・5％の値で誤差は＋24・5％となっていました。

つまり、大きな力を発揮する課題では、ほとんどの人が正確に力を発揮できるのに対し、小さな力を発揮する課題では、大きなばらつきが出てくるのです。

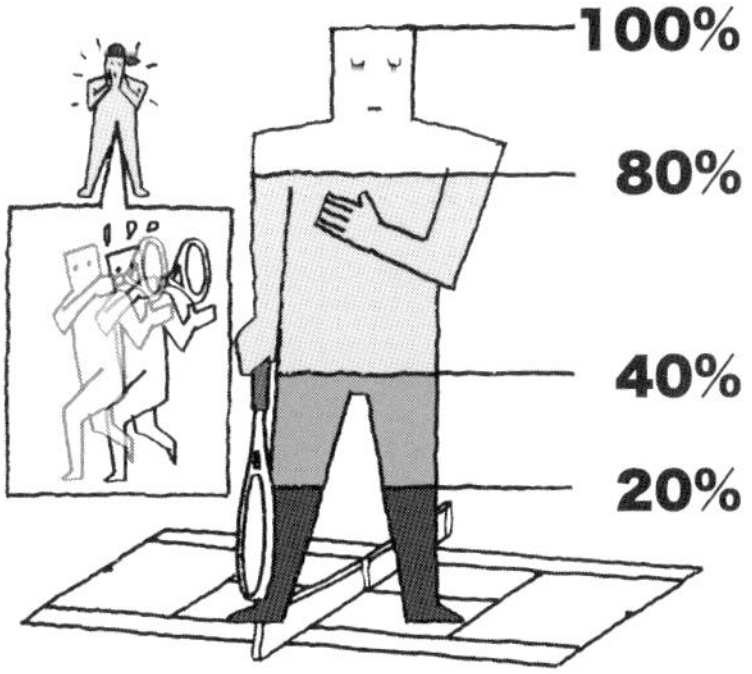

ストロークにおけるグレーディング（力感覚）に関する実験

N=30名	80%	60%	40%	20%
平均	78.0	66.4	53.0	44.5
最大値	97.9	94.3	87.5	83.0
最小値	46.3	26.1	22.9	21.3

（佐藤e.t.c. 2016）

テニスのレベルが高くなればなるほど、高度な戦略や戦術で戦わなければならないため、バラエティーショットやデリケートなショットが要求されます。実戦においては力を入れることも大切ですが、緊張する大事な場面ではいかにして力を抜いて（リラックスして）プレーできるかが要求されるわけですから、こうした練習、訓練を日頃からしっかりとやっておかなければなりません。

いずれにしても、自分自身が発揮している「つもりと実際」の力を客観的に認識できるようになることです。そして１００％の力を入れて戦うだけでなく、どのようにして抜くか、その状態が１００％に対してどれくらいなのか、という「グレーディング（力感覚）能力」を磨くことが勝利への近道だと考えます。

「つもり」と「実際」を近づける重要なフィードバック

「つもりと実際」。自分ではそうしているつもりでも、実際はそうなっていないことが実は非常に多いのです。それが普通と言っていいかもしれません。なぜなら人間の動作というものは、実はすべて「つもり」で行っているからです。小さい頃から痛みや力加減などを経験し、いわゆるトライ&エラーを繰り返しながら学習することで、正しい動作になっているのです。

知人の体操の指導者が、こんなことを話してくれました。ウルトラC、D、Eなどの大技に挑戦しようとする人で、体操の基本である倒立がきっちりできない人など見たことがありません。つまり、基本を積み重ねていかないとそこに挑戦できない仕組みになっているというのです。そこには命の危険性と隣り合わせの厳しさがあります。テニスの場合は命の危険はほとんどありませんから、基礎がしっかりできていなくても、あるいは間違っていても、正しいつもりで次のステップにどんどん進んでしまい、最終的には不完全なものが身についてしまうのでは……というのです。

ここで重要になってくるのが、フィードバック情報の質と自ら備わっている認知機能です。フィードバックとは簡単に言えば、結果を情報として受け取り、行

動を修正していくためのもので、外在的なものと内在的なものの2つがあります。「外在的なフィードバック」は、第三者からの指示やアドバイスだったり、ビデオなどで自分のプレーを見直すこともそうです。「内在的なフィードバック」は、自分の筋感覚や皮膚感覚から感じ取って身につくもの。いずれにしても、動作をコントロールして修正するためには両方のフィードバックが必要不可欠なのです。

　トッププレーヤーでもコーチが必要な理由はここにあります。ノバク・ジョコビッチでもアンディ・マレーでも、自分のテニスを見てくれてフィードバックしてくれる人が必要なのです。練習中、試合後などに意見を交わしてフィードバックを行いながら、「つもりと実際」のズレを認識し、正しいプレーに「つもり」と「実際」を近づけているのです。

　冒頭の愚痴のように、ああしたのに、こうしたのに、なぜ、どうして、おかしい、と嘆いてばかりの人は、この「つもりと実際」のズレになかなか気づきません。自分の感覚は大切ですが、それだけを頼りにやっていては限界があります。フィードバックした情報を正しく認識し、身体に覚え込ませ、自分の力加減をコントロールできるようになることが上達への近道なのです。

　試合中に「リラックスして」「肩の力を抜いて」と言われたことはありませんか。そのときに、それができる選手とできない選手の差は、力感覚を自己コントロールできるか、できないかの差なのです。

　試合に臨む際、コートの中に入った際、自分の緊張感や興奮レベルは今どれくらいなのか、みなさんは把握できているでしょうか。高すぎたら低く下げ、低すぎれば高く上げられる選手が理想です。それは暑くなったら上着を一枚脱ぎ、寒くなれば上着を一枚身に着ける作業と同じことです。テクニックもメンタルも常に100%だけではなく、80%、60%、40%、そして20%の自分の状態を認識し、練習のときから意識して、その感覚を磨いてみてください。

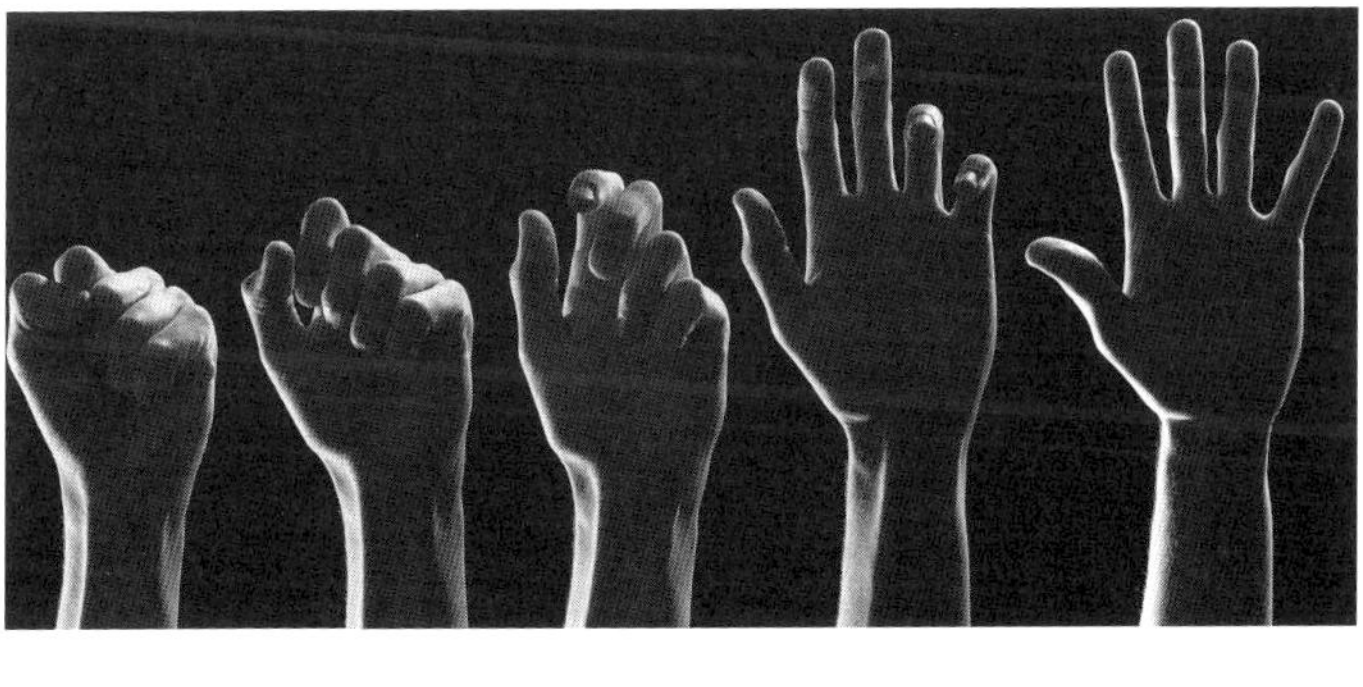

Chapter 5

状況判断能力を磨く

いつ、どこで、何をするのか

状況判断能力というのは、自分の持っている実力を発揮するためにとても大切です。試合前や試合中に相手をどうやって攻略していくのか。どこが相手のウイークポイントなのか。自分は何で相手を上回っているのか考えているでしょうか。

テニスで起こるエラー・ミスの原因を調査してみると、いつ、どこで、何をするのかといった状況判断のミスに関係していることがわかっています。そこであなたの状況判断能力はどのレベルにあるのかを平田ら（2005）の作成した簡単なチェックリストを用いて調べてみることにしましょう。10項目の質問をそれぞれ5段階で自己評価して、100点満点で何点になるのか、まずは自分を知りましょう。

状況判断能力｜プレーの組み立て 自己チェックシート

記入項目

（平田ら 2005）

	点数
1 相手の出方やその日の調子によって いろいろな対応の仕方を考えることができる	
2 相手のプレーの長所や短所を素早く見抜く	
3 試合の中盤（後半）になると、これまでの ゲーム展開をさまざまな角度から分析できる	
4 コートの状態、相手や自分の調子などを考慮して 自分のプレーを組み立てることができる	
5 相手の作戦の変化を素早く判断できる	
6 いろいろな作戦や戦術について考える	
7 試合全体の流れを見極めることができる	
8 1ゲーム見ればその人のおおよその プレースタイルを予想できる	
9 各ショットを打つときに的確な判断で 打つことができる	
10 相手の心理的変化を読み取ることができる	

合計

5段階	
10点（90～100%程度）	いつもできる
8点（70%程度）	しばしばできる
6点（50%程度）	時々できる
4点（49～25%程度）	ときたましかできない
2点（10～0%程度）	いつもできない

100点満点中	評価
100～81点	すぐれている
80～71点	ややすぐれている
70～61点	普通
60～41点	やや劣っている
40点以下	劣っている

Chapter 6

スランプ克服

Chapter 6

ケガや故障を乗り越えた選手が活躍する理由

自分の立ち位置をガラリと変えてみよう

　レギュラーと補欠。一軍と二軍。下のクラスから上のクラスへ上がるためには何が必要なのでしょうか。上達することはもちろん必要ですが、それだけでは足りません。いつものように、そこそこの練習をしていて、果たして上に上がれますか？　壁を乗り越える、そのためには現状を正しく認識し、気づき、自分が変わることがカギとなります。

　あるプロチームの監督が二軍組を集めて、こう言いました。

「君たちの練習を見ていると、自分を鍛え、改良するための練習を行っているとはとうてい思えない。毎日毎日、調整の練習をしているように見える。二軍の君たちがレギュラーに上がるためには、のるかそるかの大勝負をかけて練習するしかないんだ。そうでもしないと、チャンスなんて永遠にやってこない」

　その言葉の直後から、選手たちの眼の色が変わりました──と言いたいところですが、そう単純な話ではありませんでした。

　監督の気持ちが伝わった選手もいたのですが、多くはその後も何も変わりませんでした。私が見る限り、監督の話を聞いて、うん、うん、とうなずいたり、なるほど、わかりました、と相槌を打っている選手はたくさんいたのですが、実のところは心のオーセンティック（深い部分）まで響いてはいない、改善する気はあっても心が頑固で動こうとしない選手が多く見られました。

変わらない人に多い「YES、BUT型」

これらの選手たちを「YES、BUT型」と呼びます。表面上は柔らかく「ハイ」の姿勢なのですが、実は「でも……」と受け入れていません。自分から相談があると言って私に近づいてきて、話を素直に聞いてはいるものの、結局自分の意見を変えない。安定した自分の世界から出ようとしないのです。

「ハイ（YES）」と返事をしたあとに、「でも（BUT）……」と言う。うんうんと頷いておきながら、「そうですけど……」と反論する。「YES、BUT」を言う人は、心理学的に言うと「ホメオスタシス」に当たります。人間というのは無意識のうちに、自分の居心地のいい場所を求め、そこにいたがり、そこから出るのが怖い、嫌だと変化を拒みます。そういう人はどうすればその殻を破ることができるのでしょうか。

大きなケガ、故障、スランプのときこそ変わるチャンス！

プロのスポーツ選手が大きな故障をしたあと劇的に復活して、以前より好成績を残すことはよくある話です。大きなケガや故障、もしくはスランプになったときこそ変わるチャンスなのです。

足の速さが武器の、あるプロ選手が足を骨折しました。医師からリハビリは一年と診断されましたが、しかし一年後、彼の足は以前よりも速くなって復活を遂げました。

これはケガをしたことによって発想の転換があったことを示しています。ケガをしていなければ、おそらくそれまでの毎日のルーティンを続け、想定内の練習をしていたことでしょう。ところが、骨折をしたことによってそれができなくなり、仕方なく違うところを鍛えるしかなくなったのです。そこに新しい発見が出てきました。今まで見えなかったものが見えてきて、一回りも二回りも成長することにつながったのです。

ものの見方、考え方を変えると、それまでと世界は変わります。人間というのはどうしても同じ位置からものを見がちです。自分の立ち位置を変えようとはしません。そうすると考え方は変わりません。しかし、先程のケガをしたプロ選手のように、角度を変えて見てみます。前から見ていたものを横から見たり、後ろから見たりすると、違うものが見えてくるものです。故障をした選手が復活するときは、それができていることが非常に多いです。その上で、ふたたび競技に戻れる喜びや感謝の気持ちが加わり、活躍につながっていくのです。

リハビリのプロセス

リハビリのプロセスというのは、言い方を変えると死に直面した人の心理と同じです。否認、怒り、抑鬱、取引、受容の5段階をたどります。

最初はその事実を受け入れられず、次になぜこうなったのかと怒りに変わります。やがていろいろなことを考えて気持ちが沈んでいき、でもそうしていても利益がないと悟ると、人々や何かに対して約束事を結びます。これは大切な儀式です。そして最後に受容、受け入れます。この順序は入れ替わることがなく、必ず

隣り合っているのが特徴です。

大きなケガ、故障をして、しばらくその競技から離れるのはつらいことです。リハビリ期間が長ければなおさらでしょう。でも、ものは考えようで、自分の立ち位置が変わるチャンスと信じて現状を受け入れてください。

自分の人生は自分で決めるものです。自分が指し手であり、コントロールタワーです。復活も、成功も、自分の手で成し遂げる。そういう強い気持ちがあれば、必ず復活できます。

よくないのは、何でも人のせいにして、自分を悲劇の主人公にしてしまうことです。あのせいで、あのときこうだったから、と周りから同情を引こうとしても、何のプラスにもなりません。そういう人の共通点は現実逃避。本当は正面から現状と向き合うようにすることが大切です。

冒頭の話に戻りましょう。補欠の人、二軍の人に欠けているのは何か。それは危機感です。現実を正しく検討する能力が不足しています。今のままで上にいけないのなら、どうすればいいのか。コーチや監督に任せず、自分で考え、自分で決断し、行動していかないといけません。

自分の立ち位置をなかなか変えられないのは、無意識のうちに思考回路がそうさせているからです。でも、そのことを知っていれば変えることは不可能ではありませんね。自分の立ち位置を変える努力をしてみてください。そうすれば新しい発見がきっとあると私は思います。

Chapter 6

苦手意識の克服

自分でネガティブ感を強めていないか？

人間には「得意」と「不得意」があります。「不得意」を「苦手」と言い換えてもいいでしょう。フォアハンドは得意、でもバックハンドは苦手。ハードコートは得意、でもクレーコートは苦手というように、誰にでも得意と苦手はあります。

人間には、もともと持っている特性というものがあり、それと合うか、合わないかという話です。誰にでも必ずあるもので、好き、嫌いと言い換えてもいいでしょう。得意なものがあれば、逆に不得意なものが浮き出てくるものです。相性という言葉にもつながります。

あの選手とは相性がよくて大きく勝ち越している。あの選手には相性が悪く、いつも負けてばかり。得意（カモ）と苦手。しかし、不思議なもので、自分と相性の悪い選手が、自分と相性のよい選手にはなぜか相性が悪く、三つ巴の関係になっているのも、よくある話です。

話が少し逸れましたが、何とかしたいのは苦手意識の克服です。

まず、不得意、苦手だと口にしないことから始めます。嫌だなと思うのは仕方ありません。でも思い過ぎないことは、とても大切なことです。不得意、苦手ではなくて「普通」と考えるようにします。そうして「得意ではない」という考え方に変えるのです。「フォアハンドは得意だけどバックハンドは苦手」ではなく、「フォアハンドは得意だけどバックハンドは普通、別に得意ではない」でいいのです。まだ発展途上、未完成のショットと位置づけましょう。

ある選手はクレーコートが苦手です。クレーコートの大会はできるだけ避けていて、でも年に数大会は出場していました。その選手は、私のところでこう言って後悔していました。「クレーコートが

嫌だなと口にしていた時点で、試合前から2ゲームは損をしていたと思う。試合が始まってしまえば、得意とか苦手とか、そんなことは全然関係ないのに……」と。

自分の口にした言葉は、自分の耳に聞こえるし、入ってきます。言うたびに苦手意識が増すだけで、メリットはひとつもありません。感情をごっそりと自分の中に入れて、自分でネガティブ感を強めないことです。苦手と思うな、とは言いません。それは不可能です。でも、それを口にしない努力はできます。そして、普通だから、得意ではないから、もっと練習しないといけないという思考に持っていき、それを実行に移せれば、徐々に苦手意識はとれていくようになると思います。

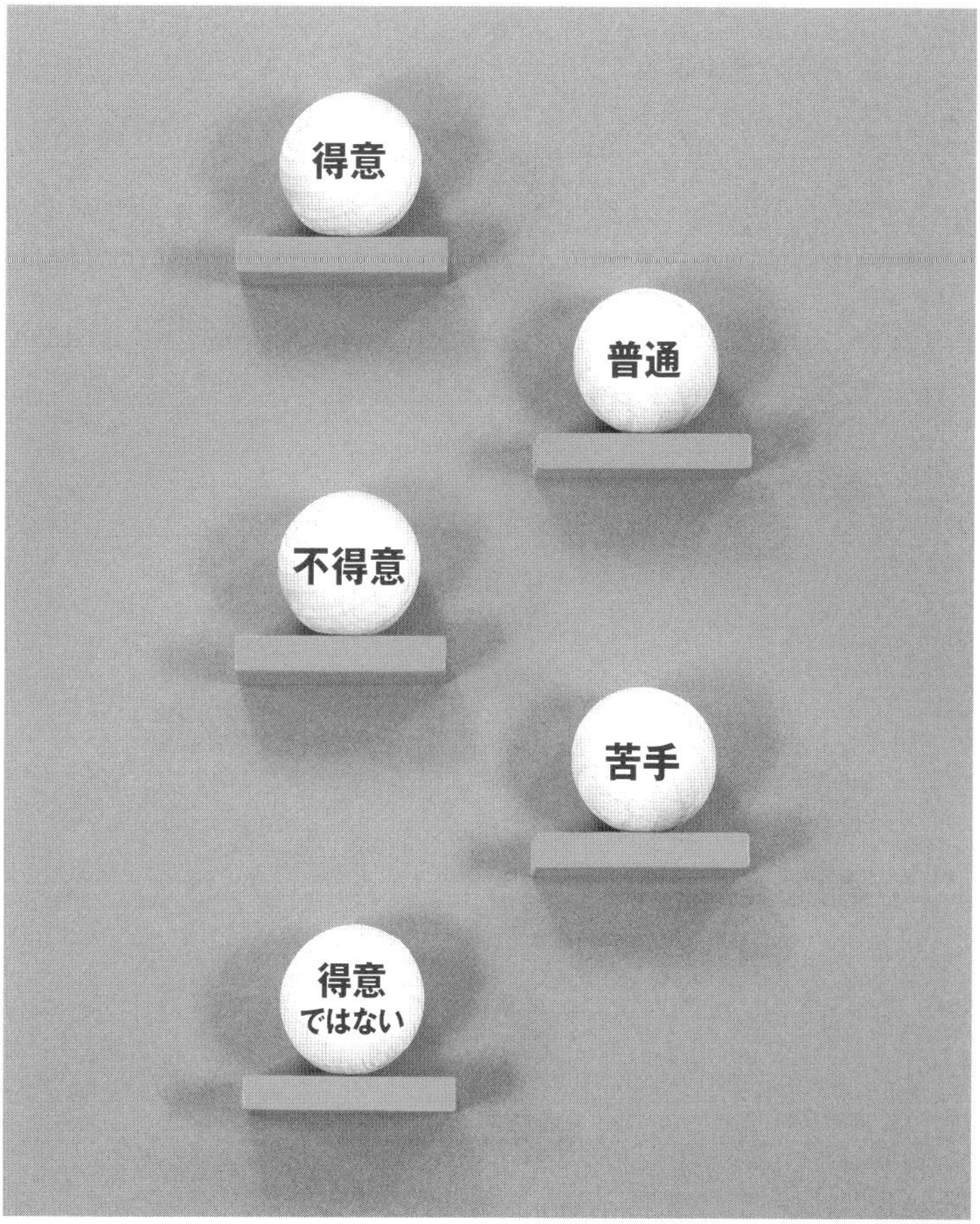

逃げるか、向き合うかの違い

苦手意識を克服するのにもっとも大切なことは、その苦手の対象から逃げず、しっかりと向き合うことです。

食事付きの学生寮での話です。毎日のご飯に飽きてしまい外食に出かける学生もいますが、ある学生はこんな工夫をしていました。ある日は、ふりかけを持参。またある日は、卵を使ってチャーハンにしたりと、何とか自分なりに工夫して、美味しくご飯を食べようと努力していました。外食に出かける学生は最初からご飯を拒否。不味いから、飽きたから、食べない。何とかしようという思考、工夫がないのです。一方で、ご飯を美味しく食べるためにどうしたらいいか、ご飯に向き合っている学生。両者の行動にヒントがあります。

食事だけではありません。人間関係も同じことで、そこにも苦手意識克服のヒントが隠されています。苦手な人とは、できるだけ関わりたくないと思うでしょう。しかし、そうはいかない場面も少なくありません。ここでもポイントとなるのが、その対象から決して逃げないことです。

何かの集まりのときに、会いたくない人がいるとします。でも、そう思っていると不思議に鉢合わせをしたり、会ってしまうものなのです。それを考えると、自分から相手を探して先に挨拶を済ませておく。そうすることで、ひとつの壁は自分から突破しているので気持ちが楽になり、そのあとは楽しい時間を過ごすことができます。一方で会いたくないと避けていると、そのことばかりに気を取られ、ずっと神経を使わないといけません。あえて嫌いな人と仲良くなる必要はありません。普通でいいのです。

スランプは、逃げると追いかけてくる

スランプというのは、逃げようとすればするほど追いかけてくると言われています。でも、スランプに立ち向かうと乗り越えることができます。オバケと同じで、怖がっていては怖いまま。苦手意識もまったく同じで、避けよう、逃げようとすればするほど追いかけてきます。逃げずに立ち向かえば必ず乗り越えられますし、得られるものは必ずあります。

好きなものはよく食べ、嫌いなものには手を付けない。これが普通です。人は快感は求めても、不快感はできるだけ避けたいと思っています。ただ、苦手克服が上手な人というのは、苦手なものでもそれが必要であることをわかっているのです。避けられないことも知っています。そして、そこで一歩踏み込めば、得られるものもまた大きいと理解しているのです。

苦手なものでも自分からグッと入り込んでいく勇気が時には必要です。それができると自分の中の心のベースが広がって、器が大きくなっていきます。

Chapter 6

積極的休息（アクティブ・レスト）のすすめ

あなたは無駄な頑張りをしていないか？

ある高校テニス部の例です。A選手とB選手は同じような実力でした。大会に向けてレギュラー枠を争っている中、監督から次のような通達がありました。

「1ヵ月後にふたりで試合をして、勝ったほうがレギュラー」

　1ヵ月後のその日まで、A選手は勉強もそっちのけ、必死に練習に取り組みました。週末も休みなく、朝から晩まで黙々とコートで汗を流し、家に帰ってもテニスのビデオを見て分析したり、テニス漬けの毎日を続けました。

　一方、B選手は日々の練習では集中して練習していたものの、週末は泳いだり、軽いジョギングのあと、図書館で勉強するなどテニスから離れた生活もしていました。この姿を見た仲間たちは正直なところ、B選手が試合をあきらめているようにも見えたそうです。

　しかし、1ヵ月後の試合で勝ったのはA選手ではなく、B選手のほうでした。のびのびとプレーするB選手に対して、A選手の動きは重く、イージーミスを重ねて自滅してしまいました。自分の力をまるで出せなかったのです。

　仲間たちは首をひねりました。メンタル勝負なら、B選手よりもA選手のほうがむしろ強いはず。1ヵ月の練習量にも大きな差があった。ケガをしていたわけでもない。それなのに、なぜ……B選手が勝ったのか？ と。

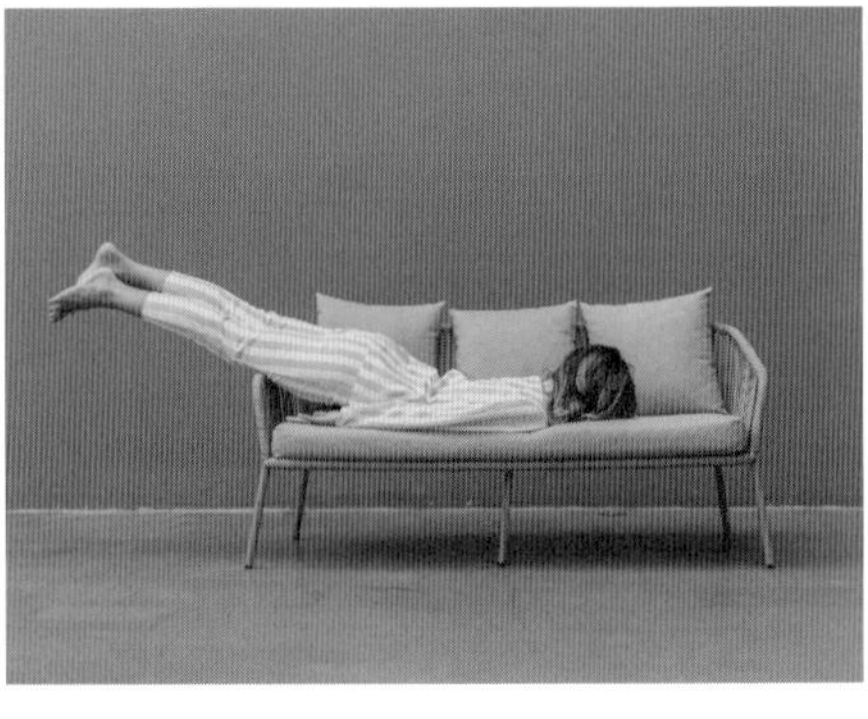

　その理由を私はこう考えます。A選手はしっかりとした休息をとれておらず、完全なる心身のオーバーワークでしょう。練習量を増やすのは構いませんが、しっかりとした休息をとれていないため、リ

カバリーができず、パフォーマンスが上がるどころか、逆に下がってしまったのではないでしょうか。

一方のB選手はというと、練習量はA選手より少なかったもしれませんが、おそらく集中して取り組んでいたと思います。図書館での勉強やジョギング、水泳も、オンとオフのスイッチの切り替えという点で効果的。やるときはやる、休むときは休む。そういうメリハリのある生活ができていたのでしょう。これぞ「積極的休息(アクティブ・レスト)」です。

休める選手と休めない選手の差

A選手は納得がいきませんでした。「B選手よりも数倍練習してきたのに……」「テニスに対する取り組み方も上だったのに……」「自分のほうがレギュラーにふさわしい……」そういう自負がありました。

A選手とB選手の差は、自分のするべきことを理解しているか、していないかの差なのです。試合で勝つために休めなかったA選手、試合で勝つために休んだB選手。A選手の場合は、練習が自己満足になっている部分があったと推測できます。練習していないと気が済まない。練習しなくてはいけない、休んでなんていられない――そんな脅迫観念で動いていたかもしれません。それでは必死にやっている割には効果は上がってこないでしょう。もう少し考えて練習し、休む勇気が必要だったと思います。

几帳面、真面目な性格、心配性、不安症の人に多いタイプです。休むことは悪。練習しないことは悪。「〜しなければならない」と考えてしまうと、そこから抜け出せなくなります。そういうタイプに多いのは、ケガをするまでやり続け、倒れてようやく休めるという悲劇のストーリーです。

そのような結末にならないためには、もっと論理的に考えて、今はテニスから離れて休むべき、楽しむべきと考えることが重要です。そして、ここが一番大事なところですが、休んだほうがもっと大きな仕事ができる、よいパフォーマンスにつながるということに気づいてください。ただ、これはそうした体験を通して気づいてもらうしかないことで、休んだからこそできたとか、パフォーマンスが上がった、休んでも大丈夫だ、そのほうがいいんだ、そういった体験をすることも重要だと思います。

オンとオフの切り替え

A選手のような「休んでなんかいられない」の考え方の人は意外に多いものです。みなさんの職場や学校にもいませんか？　やらなきゃ、やらなきゃ、と時間をかけて頑張ってはいるものの、効果の見られない人です。

その“頑張り”が本当に正しいのかどうか。実は頑張っているように見えるだけで、そんなに頑張っていないのかもしれません。あるいは本当に頑張っているのですが、その方向が間違っている場合もあります。こういう人たちはプロセスと結果の関係が理解できていません。何のためにそれをして、それがどうゴールへ結びつくのか、その道筋が見えていないのです。やらなきゃ、頑張らなきゃ、だけで、おそらく頭の中がいっぱいになっています。

オンとオフのスイッチの切り替えは非常に重要です。A選手のスイッチは残念ながら1ヵ月間、ほぼオンの状態でした。パソコンで言えばスリープ状態。画面は真っ暗で休んでいるように見えても、電源はつながっていてオンのままです。

逆にB選手のほうは、この切り替えがうまいのです。パソコンが必要ないときは電源を切り、違うことをします。そうするとパソコンは（余計に熱くならず）いつもいい状態をキープすることができます。どちらのパソコンが壊れやすいか、サクサク動くかは言うまでもないでしょう。「昨日は休みだったけど、全然休んだ気がしなかった」という人は、まさに電源が一日中、オンになっていた証拠。そうするとリフレッシュができておらず、「さあ頑張るぞ」という気にはなかなかなれません。よってパフォーマンスが落ちやすいのです。

では、オンとオフの切り替えが下手な人、やらなきゃ、頑張らなきゃ、と思う人に対して、どのようなアドバイスを送ると効果的でしょうか。

山登りを思い浮かべてください。山を登るときはリュックサックに必要な物を詰め込みます。あれも必要、これも必要と詰め込んでいくと、当然、重くなります。目的は山登りです。そのためにはリ

ユックサックは軽いほうがいいに決まっています。使わないものは置いていく。捨てていく。そのほうが登りやすいのです。

ところが、持っていかないと不安……というなら、あなたは、まさにオフが苦手な人です。リュックサックに要らないものをどんどん詰め込み、それが山登りを苦しくしています。要らないものを捨てる作業、勇気は、仕事や練習を休む作業、勇気と同じです。目的は何かをしっかり考えましょう。目的は、山登りを楽しむことなのです。

それでも、「万が一のため」と詰め込む人がいます。備えあれば憂いなし、用意周到ではありますが、万が一ということは確率は1万分の1。だったら捨ててもいいのではありませんか？　そういう発想もありでしょう。このような逆の考え方を身につけていけば、捨てる勇気、休む勇気というものが出てきます。オンとオフの使い分けも、うまくできるようになってくるでしょう。

あなたは重い荷物を背負いながら練習を、仕事をしていませんか？　そういう人は今一度、その荷物の中身を確認してみてください。意外と要らないものが入っているものです。それを思いきって捨ててみると荷物はずっと軽くなります。そうすればそんなに頑張らなくても、もっと楽に動けるということがわかります。

大きな根っこなくして大きな木は育たない

私はあるプロスポーツチームのメンタルサポートを長年務めてきました。最近もプロ生活1年目を迎える新人選手に対して「メンタルトレーニング」の講義を担当し、以下のような話をさせていただきました。

「選手のみなさんはまだプロとしては若い“小さな木”だと思います。プロ生活は、いうならばサバイバルゲームです。時には心が折れそうになるかもしれませんが、そんな中でも自分を磨き、たくさんの栄養を吸収することを忘れないでください。そしてプロ選手としてどのように生きていくのかという哲学を持ってください。それが“大きな木”へ成長するための根っ子になります」と。また、大きな木へ成長するためには、大地にしっかりと根を張ることです。大きな木を支えられるだけの力が根になければ木は倒れてしまいます。大きな木に必要なのは大きな根っこであるということを知ってほしいのです。

こういう話もできます。指導者を発信機と考えるならば、選手は受信機です。選手(受信機)は指導者が発する出力、周波数をキャッチできなければいけません。発信機(指導者)が何を発しているかを選手自身が理解できるかどうか、それが重要です。そのとき受信することさえできれば、それが必要かどうかは自分で判断すればいいのです。いずれにしても指導者の言うことが実行できるかどうかは別として、言っていることの意味を理解できなければスタートラインに着いたとは言えないのです。発信機(指導者)の出力、周波数に合わせられない、または合わせようともしない受信機(選手)の行く末は、無気力、鈍感、思い込み、自己中心、無視——となり、これでは大きな根を張ることはとうていできないでしょう。

私の仕事は、メンタルトレーニングを通じてトッププロを育て上げることだけではありません。それから、新人たちの中から超一流選手が出てくればいいという考えだけで働いているわけでもありません。私の仕事は、選手たちが競技生活の上でも、人生においても、大きな根を張る人間に育つように“サポート”をすることです。ですから選手には、最後まで自分のさまざまな機能をフルに使いながらベストを尽くして戦い抜く(生き抜く)マインドを身につけてほしいのです。メンタルトレーニングは、その一環だと考えています。

Chapter

7

メンタルタフになる

Chapter

7 自分なりの「哲学」を持つ

メンタル強化の一番の近道は何か

学生スポーツがシーズンオフになると、シーズン中のプレーを振り返る学生アスリートたちが私の研究室に相談に来るようになります。

「集中力がないのですが、どうしたら集中力がつくようになりますか？」

「試合になると緊張してしまうのですが、どうしたら緊張しないようになりますか？」

「本当にメンタルが弱くて、大事な場面になるとびびってしまうのですが、どうしたらびびらないようになれますか？」

本人たちにとっては切実な悩みで、一刻も早く問題を解決したいという心情が伝わってきます。別の言い方をすると、彼らの要求は「どうしたら（How to）」を学べば、メンタルの問題は解決できると思っているようです。

そんなとき、私は落ち着いて、ひとまずその問題は横に置いておきましょうと伝えます。そして「なぜその競技をしているのですか？　何のために？　どうして？……」と質問してみます。すると「これってメンタルトレーニングですか？」と不満そうな顔をする学生アスリートが多いことに驚かされます。

メンタルトレーニングは「スポーツ選手や指導者が競技力向上のために必要な心理的スキルを獲得し、実際に活用できるようになることを目的とする、心理学やスポーツ心理学の理論と技法に基づく計画的で教育的な活動」（日本スポーツ心理学会）と定義されており、目標の設定やリラクセーション法（呼吸法、セルフトーク、自律訓練法）などの心理技法（サイコロジカルスキル）をマスターするこ

とを目的としていますが、その根底にあるのは「哲学」だということを理解していないのです。大切なことは、なぜ自分はその競技（テニス）をしているのか、続けているのか、何のために日々努力を続けているのか――それらを考える作業なのです。それはすなわち、自分自身と真正面から向き合う作業です。

最近はメディアで取り上げられている、メンタルのスキルを上げるトレーニング法ばかりが注目されていますが、そこだけに重点を置いていると、勝てないとき、スランプのとき、つまり結果が出ないときに心がポキッと折れやすくなります。

決して〝折れない心〟の根底にあるものは、なぜその競技が好きなのか、なぜ続けているのか、なぜ面白いのか、と自問自答を確認する作業であり、メンタル強化の土台となるのは、スキルを高めるトレーニング法と同時に「自分自身の哲学・生き方」なのです。その土台をしっかりつくり上げることこそ、メンタル強化の「核心」なのです。

トップ選手たちの競技への想い、心構え

以前、私はあるオリンピック競技の日本代表選手のサポートをしていました。その選手は調子を落としていて、フィジカルトレーナーの薦めもあり、私が指名されてメンタルトレーニングを取り入れたのです。

彼は、すでに日本代表クラスの選手であり、だいたいの心理的スキルはマスターしていましたが、専門家からのサポートを受けることにより、正しい方法を身につけることが目的だったようです。

予想どおり、彼とのメンタルトレーニングの前半は、心理スキルの習得のためにほとんどの時間を費やし、彼は心理技法に関する質問を私にしてきました。しかし、中盤から後半にかけては技法に関する訓練は減っていき、逆に増えたのが、その競技をする意義や哲学、その競技に対する心構えについての話し合いでした。

「どんな気持ちでやっていますか？」
「どういうところが面白いのですか？」
「誰のためにやっていますか？」

このような私の質問に対し、彼は必死に考え、そしてしっかりと言葉にして答えを出してきました。それは自分自身と向き合う作業であり、すでにマスターしていた心理スキルとマッチングしてパフォーマンスが向上していったのは言うまでもありません。

メンタルサポートを続けている最中で、「死生観」をテーマにしたカウンセリングも実施しました。このカウンセリングでは、メンタルが強いだの弱いだのあれこれ悩んでいる自分に対して、忘れていた、健康な心身を与えられていること、大きな目標に挑戦できていること、目の前にそのチャンスがあることの幸せに気づかされたと述べています。それからの彼は、その競技に取り組む意義をさらに明確にした結果、心構えも強いものになり、成績もグングンと伸ばしていきました。

彼はこう言いました。トップクラスの選手となれば、ある程度の心理的スキルは持っている。自分が役立ったのは、先生と話し合って自分と向き合っていた時間だった、と。

みなさんはプロサッカー選手の〝キング・カズ〟こと三浦知良選手をご存知でしょう。50歳を超えてもなお現役プレーヤーとして活躍しています。

同世代の方なら憶えていると思いますが、日本が初めてワールドカップ出場を決めたとき、カズ選手は日本のエースストライカーでした。しかし、土壇場でカズ選手は代表メンバーから外されます。それまで日本チームを牽引し、誰よりも

ワールドカップ出場を夢見ていたカズ選手の落選は当時、大きなニュースとなりました。

カズ選手の悔しさは想像を絶するものだったに違いありません。でも私が想うに、そこでカズ選手は、「自分は何のためにサッカーをしているのか？」ということを、もう一度、よく考えたと思います。自分がサッカーをする意義、その心構え。そして競技への想い。今も現役でプレーし続けていることが、その答えなのでしょう。

自問自答を繰り返してみる

ここまで書けば、冒頭に出てきた質問者たちに何が欠けているかは明白でしょう。私は本当のメンタルトレーニングは、長所だけでなく、嫌な自分、弱い自分と正面から向き合う作業からスタートすることが大切だと思います。ですから、メンタルが強くなりたいと言うのなら、もっともっと自問自答を繰り返してみましょう。

「なぜ自分はテニスが好きなのか？」

「面白いから」

「どういうところが面白いのか？」

「ボールを打って決まったとき」

「なぜ決まると楽しいのか？」

……と、こんな具合です。

「集中力がないのですが」「緊張してしまうのですが」と相談されたときの私の第一声は決まっています。「集中力とは何だと思いますか？」「緊張感とは何だと思いますか？」、そこから自問自答を繰り返していくことが解決へのスタートです。

伸びていく選手には「哲学」があります。生きていく力強さがあります。すぐに答えを求めてはいけません。小手先の技法などに頼らず、じっくり自分と向き合う時間を大切にしてください。あなたは、試合に勝った人が勝者、負けた人が敗者……とは限らない、という考え方ができますか？　心構えとはそういうことです。

Chapter 7

ラベリングの落とし穴

あの人は○○な人だと決めつけない

その人のことをまだよく知らないのに、最初に受けた印象で「あの人は○○な人だ」と決めつけてしまう、ラベルやレッテルを張ってしまう、そんな経験をしたことはありませんか？　おそらく日常的にあることだと思うのです。困ったときにやさしくしてくれた人は、「あの人はいい人」になるのですが、何か注意をされると、「あの人はうるさい人」「嫌な人」になります。これらを心理学用語で『ラベリング（labeling）』と言います。

商品に値段などのラベルを貼るのと同じで、人に対しても〝この人はこう〟とラベルを貼るのです。たった一度、あるいは少しの出来事で、さも論理性があるかのごとく勝手に決めつけ、この人はこういう人、こういうときはこうするなど、自分でブランドをつくることで安心するのです。

大事な場面でダブルフォールトを連発している人を見れば、「あの人はメンタルが弱い」と思い、相手にマッチポイントを握られてから勝った人を見れば、「あの人はメンタルが強い」と思います。これらもラベリングです。日常生活を送る中では、誰もが知らず知らずのうちにラベリングをしています。その行動は、買いたい商品にラベル（値段）が貼られていないと不安を感じるのと同じで、人にもラベルがないと不安を感じるため、この人はこういう人だとラベルを貼って自分との距離感を計り、自分の居場所を確認して安心したいのです。

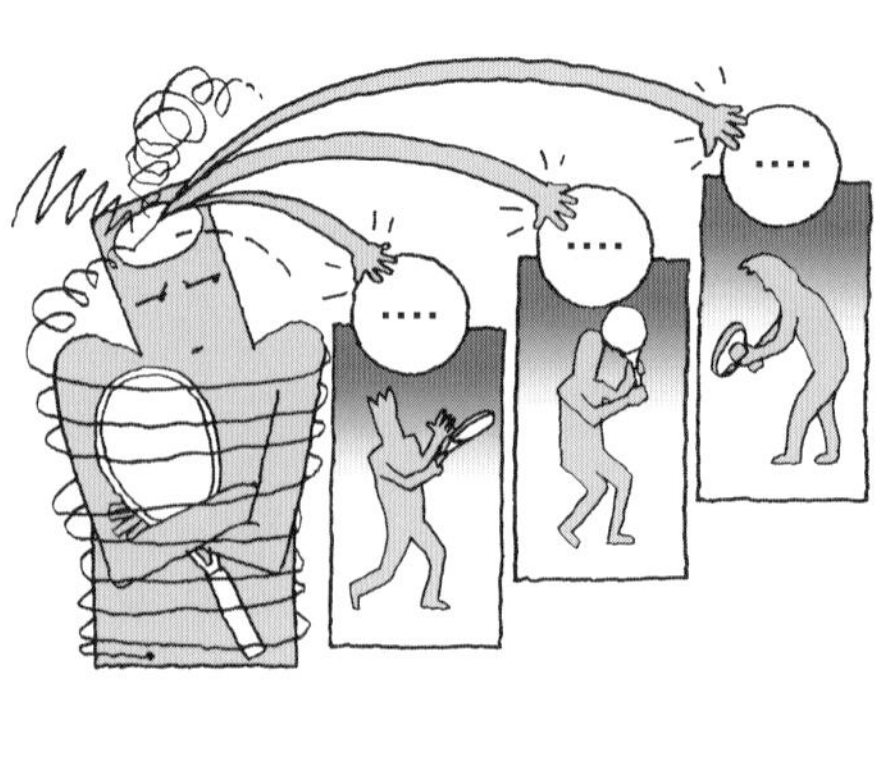

ラベルを剥がすと印象は変わる

あなたが1回戦で第1シードの選手と試合をすることになったとしましょう。誰もが「第1シード=強い」というラベルを、その選手に貼ると思います。強豪校、強豪クラブ所属と聞けば、さらに「常勝」「勝てない」というラベルも貼ってしまうかもしれません。

このラベリングは、第1シードだから強い、だから負けても仕方がない、勝てるわけがない、と自分に言い訳をするためのラベリングです。第1シードですから強い選手なのは間違いないでしょう。ですから、相手は強いというラベルは貼ってもOKです。でも、そのほかのラベルは特に貼る必要がないものです。

昔、とても強かったベテラン選手は、今は年齢とともに体力が落ち、実力も落ちてきていて、接戦することが多くなっていました。ところがそのことを知らずに、あなたがその偉大な名前や実績にとらわれてラベルを貼り過ぎてしまえば、おそらく負けてしまうでしょう。相手が偉大な選手であることは認めた上で、その選手の過去ではなく、現在と戦うことができれば、勝つチャンスは十分にあるのです。

余談ですが、私の友人に「このメーカーのこのビールしか飲まない」と言う人がいます。ほかのメーカーのビールは頑なに口にせず、理由を聞けば、最初の印象が悪くて美味しくなかったそうです。でもそれは何十年も前の話。あるとき、彼が好きなビールがなく、ほかのビールしかなくて仕方なく飲んだところ、とても美味しいと喜んでいました。自分が貼った「ほかのメーカーのビールは美味しくない」というラベルを剥がして、飲んでみる姿勢も必要だという話です。

ラベルを貼ると、それが呪縛となってがんじがらめになりやすく、身動きがとれなくなり、そうすると新しい発見もありません。この状態が続くと、チャンスをたぐり寄せる機会が少なくなってしまいます。表面だけを見て判断することは危険であり、もったいない話です。

練習不足（未熟な技術）、体力不足が原因の可能性もある

ある大学の野球部の監督が、選手を連れて私の部屋にやって来ました。

「先生、彼はメンタルが弱いので何とかしてくれませんか。センスはあるのにメンタルが弱すぎます。非常にもったいないと思うのです。メンタルが弱いからチャンスで打てないんです」

その監督は選手の前で何度も「メンタルが弱い」という言葉を口にしました。それは選手の前で言わなくていいこと。暗示になってしまいます。暗示はマイナス効果のほうが働きやすいのです。人を伸ばすことは難しく、貶《おとし》めることは簡単という一例です。

私は翌日、その対象選手とゆっくりと話し合いました。

「あなたはメンタルが弱いのですか？」

「はい……」

「どんなときにそう思いますか？」

「……」

「では、メンタルとは、どういうことだと思いますか？」

こんなふうに会話を続けていくと、監督が言っていたようなメンタルの問題を抱えている選手には思えません。おそらく最初の頃に失敗をしたことがあって、そのせいで監督は彼にメンタルが弱いというラベルを貼ってしまったようです。監督にそう言われ続けている選手は、自分はメンタルが弱いと、漠然とそう思っているようでした。

チャンス（ここ一番）や大事な場面で結

果が出せていないのかもしれませんが、それらをすべてメンタルのせいにするのは危険です。そのときの現象がメンタルが弱いように見えただけで、ミスをしている原因はほかにあるかもしれません。技術の問題や体力の問題であることは十分考えられます。ここを間違えないでほしいのです。メンタル面だけをクローズアップすると問題が複雑になり、ミスの原因がわからなくなってしまいます。

　図を見てください。テニスに限らず、競技レベルが高くなればなるほど、心理的スキルの要素が勝敗を大きく左右します。初心者同士の試合と上級者同士の試合を見比べれば一目瞭然です。しっかりとした練習をしてきたという裏付けがあるのか、それがないのに何でもメンタルのせいにしてはいけません。技術、体力を磨き、心を補う練習を本当にしているのか振り返ってみてください。振り回し練習はきついものですが、それをやってどこまで踏ん張ってやり切れるか、乗り越えていけるか。そういう苦しい練習も

しないで、メンタルが弱い、メンタルのせいと言うのはおかしな話です。

　監督と選手に足りなかったものは、「メンタルのせい」にして完結していることにあります。そう思ったほうが楽なのです。あなたはミスの原因をメンタルのせ

いで終わらせていませんか。健康診断の結果を見て、ある数値が悪いのを目にしたあとで、そのままにしておきますか？どうしたらその数値を良くすることができるか考えて行動に移さないと、その数値が良くなることはありません。

技術・体力および心理的スキルとパフォーマンスの関係

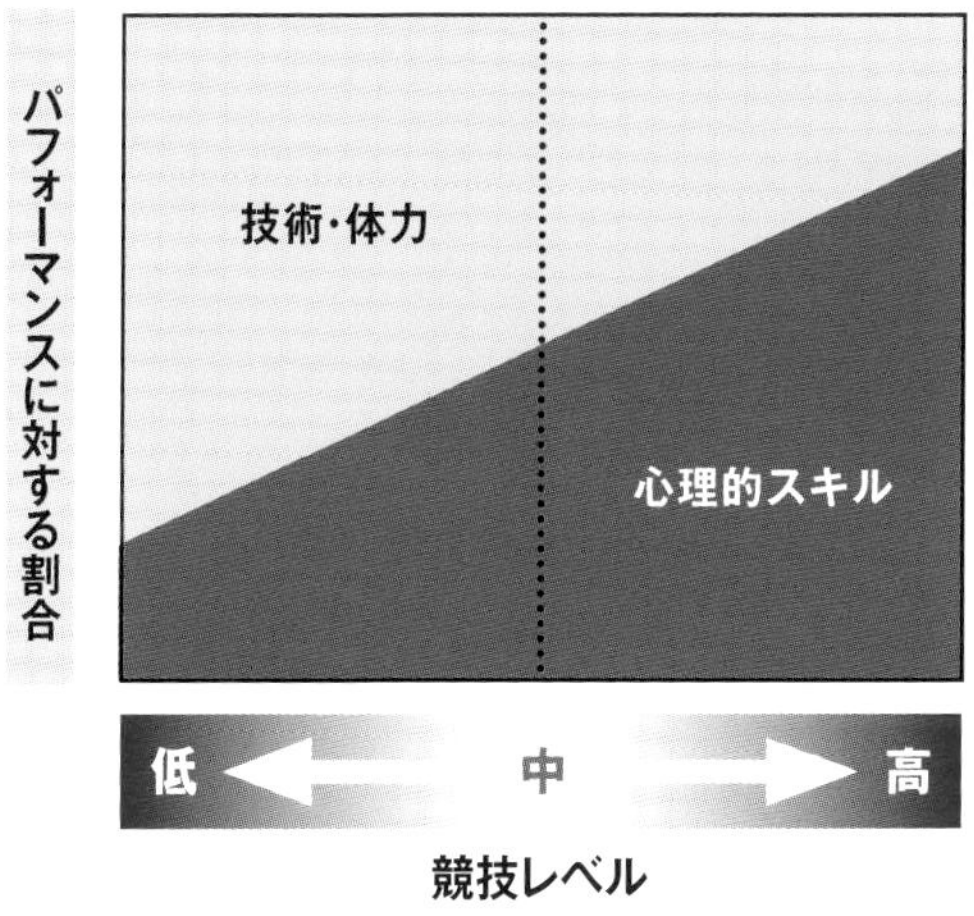

引用元◎霜礼次郎（1991／一部引用改変）

Chapter 7

勝利を導く「暗示」

暗示とは手がかりを与えてそれとなく知らせること

オリンピックや世界選手権など国際大会に出場したトップアスリートたちに、「あなたに影響を与えるものは何ですか」と聞いたところ、「言葉」と答える選手が多いことに驚きました。言葉なんて……と思われるかもしれませんが、トップアスリートの多くは『座右の銘』を持ち、心の支えにしていることが知られています。

通常、言葉は練習中や試合においてコーチやチームメートとの間で何気なく交わされるものですが、言葉の持つ意味は決して軽くはありません。そのひと言でやる気が起きたり、あるいはやる気が削がれたりしてしまうことがあります。旧ソ連の生理学者、パブロフは、直接経験による条件反射（梅干しを見ると唾液が分泌される）を第一信号系と呼んだのに対して、言葉によって間接的に学習した反射、例えば梅干という言葉を聞いただけで唾液が分泌されるような反応を第二信号系と呼び、言葉は人間固有のものであり、人間の反応や行動に大きな影響を及ぼすと述べています。

ここからは暗示についてお話しします。食べる前に「これはかなり辛いかも」と言われてから食べると辛く感じたり、「酸っぱいかも」と言われると、そんなに酸っぱくないのに酸っぱいと感じてしまうことがあります。古典的な例ですが、戦争中に薬がなくて、看護兵が兵隊に歯磨き粉を〝よく効く胃薬だ〟と言って飲ませたら治ったという話もこの例です。

暗示とは本来、物事を明確には示さず、手がかりを与えてそれとなく知らせること。または人の感情や考えが、言葉や絵

などの間接的な手段によって無意識のうちになんとなくある方向へと思考や行動を変化させる現象を指します。きっとこうなるかも……など、この先に何が起こるかを示しているわけです。

以前にこんなことがありました。専修大学のテニスコートで公式戦があったときに、非常に強いと言われているシード選手と専修大学の学生が対戦しました。私は試合前に選手を呼んで、「勝てる確率は？」と聞いたところ、「20％くらい」と答えました。私は「試合は勝つか負けるかだから、50％。自分で20％勝てると思っているならばプラス20％で合計70％。勝てるんじゃないかな」と言い、これから試合で展開されるイメージを細かく話し、共有しました。

相手は初戦でしたが、こちらは予選からすでに2試合を終えているので10％プラスされ、コートはこちらのホームなので、さらに10％プラスされ……と話していくと、何となくこちらが完全に有利に

思えてくるわけです。そして、「最初からどんどん攻めれば必ずリードできる。そこからもう一踏ん張りすれば必ず勝てるはず！」と暗示的な言葉を交えながらアドバイスをしました。

8ゲームの試合で実際に5ゲームまで一気にリードしたことで、暗示したことが本当になり勝利をものにしました。選手は最初のうちは半信半疑だったようですが、途中から言われたとおりの展開になっていったので疑うことなく思いきったプレーができたと話していました。

戦略にしてもそうです。例えば、ダウン・ザ・ラインを打ってきたらクロスに打ち、またダウン・ザ・ラインにきたらクロスに打つ、そのうち相手はサイドアウトをするから粘ってみようと決め事を持って試合に臨み、実際にその通りに展開されていったら、コーチと選手の信頼関係はしっかりとできあがり、コーチのアドバイスはどんどん吸収できるようになっていきます。

自己暗示の実際

自己暗示を実際に体験してください。写真のような順序で試してみましょう。

①両手を握り、人差し指だけを開く
②その先を見ていると指はだんだんとくっついていく……と心の中で繰り返す（自己暗示する）
③ぴったりとくっつくと、もう離れない……と心の中で繰り返す

いかがでしょうか。これは人間の生理学的なメカニズムと暗示を組み合わせたものです。実際には、この状態にしている指は自然にくっついてきますが、それを暗示を加えることによって反応が速くなります。ぴったりくっついて離れないと暗示すると離れにくく感じると思います。あれ？　そうなってしまった！　という気持ちがそうなることを促進させるのです。

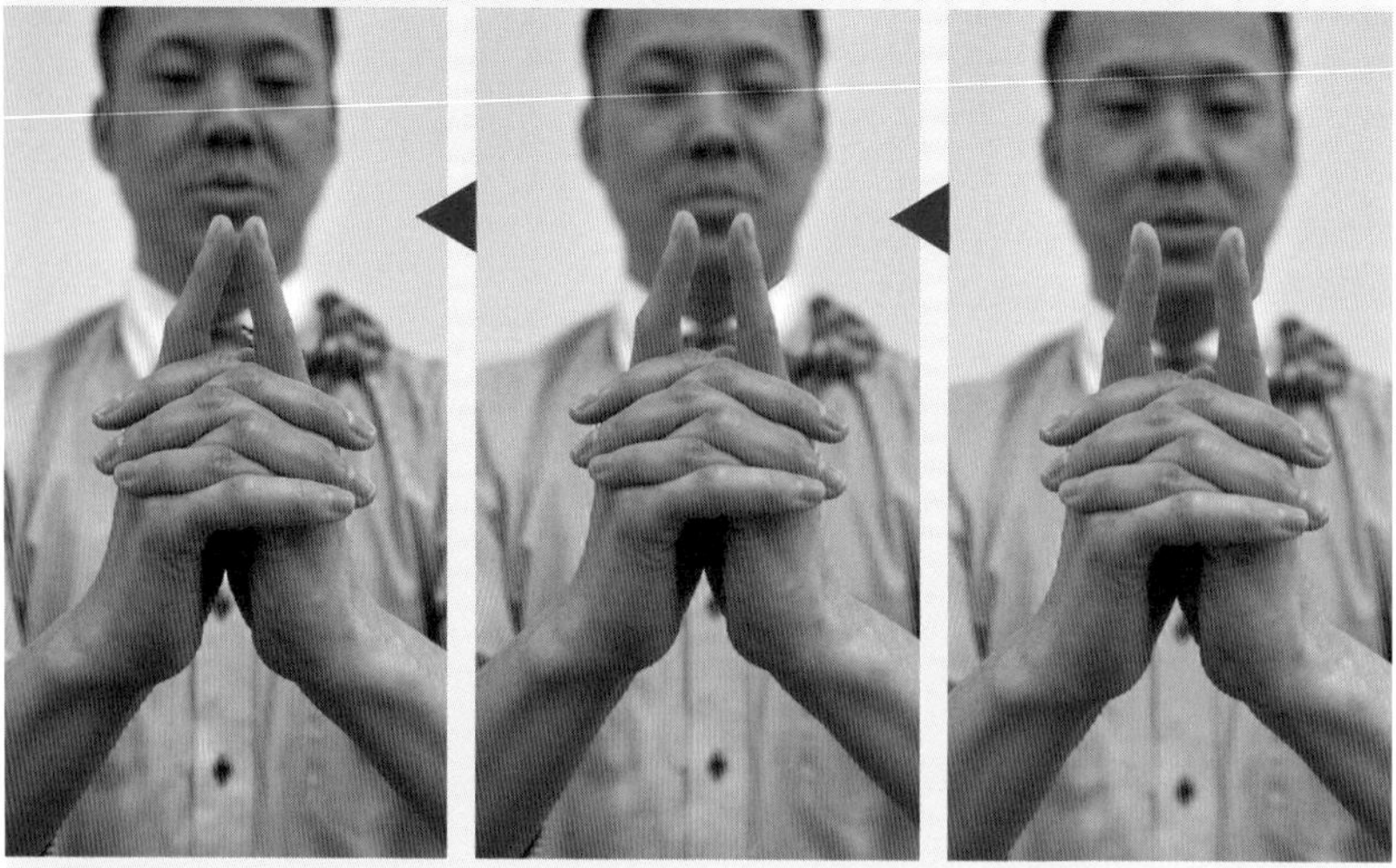

「ミスするな」はマイナスの暗示

２００９年のオーストラリアン・オープンでベスト４入りしたフェルナンド・ベルダスコは当時、元世界1位のアンドレ・アガシの晩年を支えたギル・レイエス・コーチの元でフィジカルを鍛えるようになったことを〝躍進の秘密〟として話しています。ギル・レイエス・コーチはベルダスコの潜在能力を発揮させるために、彼独特の言葉がけをしながら自信を与え続けていたようです。フィジカルトレーニングをしながら、できるはずがない↓ひょっとしたらできるかも↓できるかも↓できる↓絶対できるというように変化させていった言葉の暗示効果が挙げられます。

　以前、私は優秀なコーチたちが指導の場面でどのような言葉を使用しているのか調査をしたことがあります。その結果、指導の場面で使われる言葉の中には、暗示要素が含まれていることがわかりました。例えば、「こうしたらこうなるよ」という成功を予感させるような言葉を用います。「どうなると思う?↓こうかな?↓こうすればきっとこうなるはず!↓ほら、こうなったでしょう! 素晴らしい!」というものです。選手のできないというマイナスの気持ちをさまざまな言葉（暗示語も含む）を用いて、できるかもという気持ちにさせて成功まで導くのです。

　一方、優秀ではないコーチは「こうしたらこうならないよ」という否定的な言葉を使います。人は元来、そういうマイナスの暗示に敏感に反応しやすいことがわかっています。「できるぞ」と言われるよりも「勝てない」とか「ミスするな」と言われたときに、積極的に反応する傾向にあります。だから、暗示を効果的に使うには「〜するな」と言うよりも、「〜すること」、つまり禁止よりも「すべきこと」にフォーカスすべきです。暗示は薬にもなりますし、毒にもなります。

　一流のコーチは実践的な心理学者でもあると思います。彼らの使っている言葉を分析すれば理に適ったものであり、選手の心に届く言葉を使っているからです。人の能力を引き出せるコーチは、選手にさまざまな問いかけをしています。選手の自己イメージをいかに大きなものにできるかが大切です。

Chapter 7

「何もしてくれない」は大きな間違い

誰かではなく自分でやる

私のところへ相談に訪れるプレーヤーというのは、大きく2つに分かれます。一方は、本番で緊張してしまい、ここ一番のときに実力が発揮できない。この原因は気持ちの部分にあると考え、心理スキルを学びにくるプレーヤーです。もう一方は、ケガや病気から復活するためリハビリに励んでいるプレーヤーです。ケガや病気は身体だけでなく、心にも傷をつけます。不安や恐れ、迷いなどをどのように受け止めればよいのかについての相談です。

問題解決の大きなカギとなるのは、相談をする(受ける)タイミングと自己成長能力にあると考えます。

「先生の心理サポートは、どんなことをされているのですか?」と、よく質問されるのですが、私が主に行っていることは、カウンセリングの基礎でもある、プレーヤーの話をじっくり聴くことです。心理テストなども行いますが、いろいろと質問を繰り返し、時間をかけてやりとりしながらプレーヤーたちの「心のドア」を探しているのです。

悩みを抱えているプレーヤーと話していると、反応する部分と、まったく反応しない部分があることがわかります。興味を示す、示さない、と言い換えてもいいでしょう。どこにノックをすると反応してくれるのか、逆にしないのか、そこがわかると、その人の特徴もわかり、問題解決につながりやすくなります。

大切な「気づき」

そういう私も実は、心療内科や臨床心理士のカウンセリングを受診した経験があります。もう30年以上も前の話になりますが、満員電車などに乗れなくなってしまったのです。当時は、そんな言葉はまだなかったように思うのですが、パニック症候群だったと思います。

これはまずいと思い、意を決して心療内科を受診しました。すると先生は簡単な問診をするだけで、何もしてくれないのです。

「どんな感じですか?」

「そうですか〜、それはとてもつらいですね〜」

「そうですか〜、たいへんですね〜」

「また来てください〜」

こんな感じです。何もしてくれない医者にイライラして、来るんじゃなかったと後悔した私は、意を決して、教員でありながら学生相談室に行き、不満をぶちまけました。

「あの人は本当に医者なのかな。本気で治してくれようという気もなさそうだったし、お金と時間の無駄使いでしたよ。ああ、もう自分でなんとかするしかないのでしょうか……」

すると、カウンセラーの先生が、こう言ったのです。

「いや、その医者はすごいですよ。天才じゃないですか!」

私はびっくりしたのですが、笑顔で、うんうんと頷いて言うのです。

「佐藤先生は今、自分で治していくしかないのかなあと言いましたよね。そこに気づかせてくれたのですから、やっぱりその医者は天才です」

最後に、「意図してやったかどうかは別ですけどね」と苦笑いしていましたが、私は全身の力がふっと抜け、そんな考え方もあるのかなと思いました。ただ、そこで私にスイッチが入ったのは事実でした。カウンセラーの先生の笑顔と言葉が心にすっと入ってきたのです。

そこで、「人に頼りすぎるのはやめよう」と思ったのでした。覚悟が決まったことで、気持ちも楽になり、症状は緩和されていきました。私は誰かに治してもらおう、何とかしてもらおうと、そればかりを考えていましたが、自分でやるんだ、やるしかないとスイッチが入ったことでパニック症候群を乗り越えることができたのです。覚悟が決まり、腹が決まると、人は簡単に行動に移すことができるのだと改めて感じました。

依存症の常套句

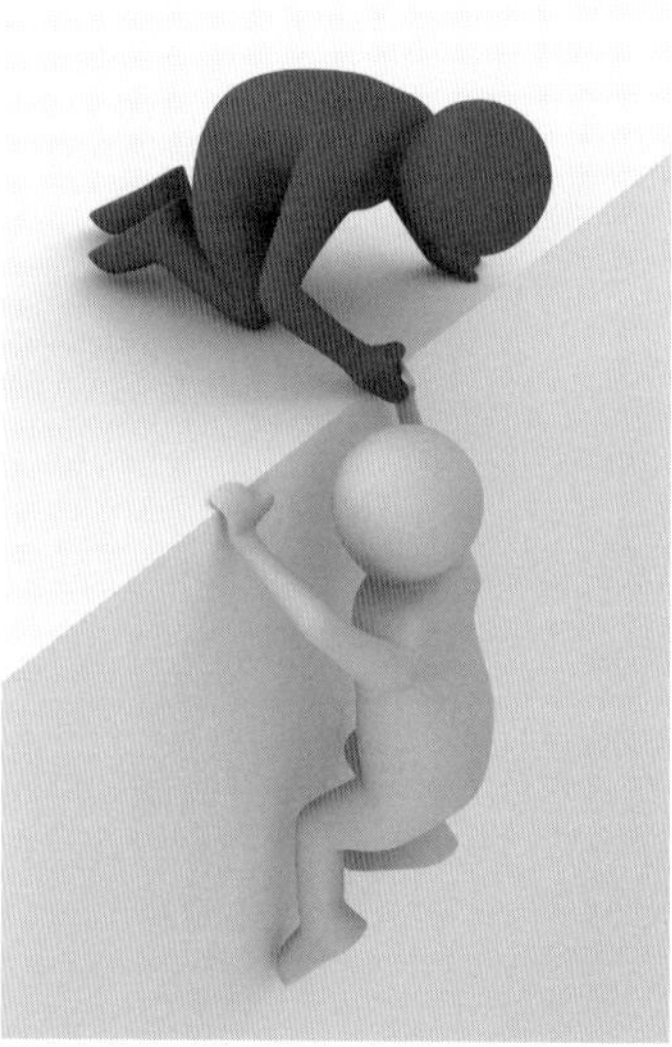

「自分でやるんだ！」、私は何とかそこに気づくことができましたが、自分の殻に閉じこもっていると、なかなかそこに気づくことができません。

　私の元にオリンピッククラスのプレーヤーが相談に訪ねてきたときのことです。そのプレーヤーは私に向かって大きな声で言いました。

「先生、何とかしてください。すぐに効くやつ、頼みます！」

　私はメンタルが強くなる薬など持っていませんし、そもそもそんな魔法のような薬などありません。私は誰でも同じように、いつもどおりにそのプレーヤーと向き合い、じっくりと話を聞いていったのですが、どこか不満顔です。こんな話ばかりしていて何になるのか、自分がほしいのはすぐに効く特効薬なんだと顔に書いてありました。

　相談するほうも、受けるほうも、何とかしたい、治したいという強い気持ちを持つことはとても重要です。しかし大切なのは、主体は誰なのかということです。

「誰かに何かをしてもらった……」だけでは、あとで大きな落とし穴が待っています。なぜなら、「してもらった」だけだからです。たとえ一時は引き上がったとしても、それは自分の力ではないため、すぐに元の位置へと下がっていってしまうでしょう。

「何もしてくれない」

「誰もやってくれない」

「誰も手伝ってくれない」

「誰も動いてくれない」

これらは依存症の常套句です。では、どうすればいいのでしょうか。簡単なことです。自分に関わることなら自分でやればいいではありませんか。早くそこに気づき、自分の心にあるスイッチを押してみてください。誰かに頼るのではなく、主導権はいつも自分が持っています。

そのほうが楽しいと思いませんか？自分の意志で行動をする際、大切なのは「ピン留め」です。

あなたの持っているいくつかの旗がパタパタとはためいています。漠然と揺れています。それはあなたの気持ちと同じです。揺れること自体、悪いことではありません。問題はそこからで、これはこうする、これはこうやる、と足場を固めていくように、一つひとつの旗を自分の意志でピン留めしていくことが大事です。自分のすべきことを自分の意志でピン留めしていくのです。

もちろん、自分からなかなか一歩が踏み出せず、周りのサポートで動き出すときもあります。ただ、やはり自分を動かせるのは自分自身なのだという気持ちは常に持っていてもらいたいと思います。誰かに何かをしてもらおう、誰かに自分を動かしてもらおうと思ってはいけません。やるのは自分。そこに早く気づいてほしいと思います。

Chapter 7

「下手の横好き」に学べ

好きなことをとことんやり抜く

みなさんは「下手の横好き」という言葉を知っていますか？　あることに対して下手ではあるけれども、やたらとそのことを好んで熱心であるという意味です。歌は下手だけど大のカラオケ好き。負けてばかりでも休日は将棋。そういう私もギター、サックスを趣味でやりますが、とても人に聞かせられるようなレベルにはありません。少ししか演奏できないのですが、しかし、その時間は非常に楽しく有意義なものになっています。

あるジュニア（小学校低学年）のお母さんは深刻な顔で私の元へ相談しにやって来ました。自分の息子がテニスをしたいと言い出したので始めさせたのですが、明らかにセンスがなく、見ていてつらいと非常に悩んでいるようでした。

「技術も体力もみんなと比べて低いのがわかりますし、練習でもひとりだけ浮いている気がします。最初は頑張れ！と心の中で応援しながら見ていましたが、だんだん私のほうがつらくなってきて、周りにも迷惑がかかるし、もうやめたらいいのにと思うようになりました……」

自分の子だけが練習についていけず、周りの子たちに遅れをとっている姿を見るのは親としてつらいのでしょう。私はお母さんの話をしばらく聞いていましたが、最後にこう言われました。

「でも、本人はすごく楽しいと言うんです。今日はこんなショットが打てた、僕

のボールで相手がミスをした、サービスが入った……帰ってくると、その日の練習のことをこと細かに話してくれます。〝やめてもいいんだよ〟と言っても、〝やめないよ、楽しいもん！〟という答えが返ってくるんです。今までは、嫌なことがあるとすぐに投げ出す性格だったのですが、ことテニスは違うようです。あんなに下手なのに、どうして……。鈍感なのか、現状把握ができていないのか、悩みは深いです」

私はその話を聞いて、お母さんには「下手の横好き」の話をしました。彼はテニスが大好きで大好きで仕方がないのです。練習でいいショットが打てれば楽しい。打てなかったら悔しいけれど、でも楽しいのです。とにかく「楽しい」が前提としてあるわけですから、やめる理由はどこにもありません。

人間に行動を起こさせる働きや過程は「動機づけ（モティベーション）」と言われ、「外発的動機づけ」と「内発的動機づけ」の2つがあります。前者は叱咤、激励、賞賛、義務、強制などによってもたらされるもので、後者は自分の中からのエネルギーが行動の源になっているものです。例えば、子供がおつかいを頼まれたときに、おこづかいをもらえるから行くのは外発的動機づけですが、自分からすすんでおつかいに行くのは内発的動機づけにあたります。

そのジュニアがテニスをしているのは100％内発的動機づけと言えるでしょう。「うまいね！」「プロみたい！」というような周囲からの賞賛はないようですから、それでやる気になっているわけではありません。しかし、それでも行動が起きるということは、心の中に脈々と流れる絶対に枯れることのない泉があるのです。それは彼の中にある素晴らしいエネルギーだと思います。

マインドが重要

私はお母さんに聞きました。一方では、試合に勝つと大喜びをし、負けるとこの世の終わりのように極端に落ち込む子供がいます。もう一方では、勝っても負けても楽しそうに試合をしている子供がいます。どちらもそれぞれ一長一短で意味があるのですが、どのように思いますか？と。

苦しい練習になると逃げたり、試合で負けそうになるとヒステリックに泣いたり、棄権をしたり――そういう子供たちを見るたびに、この子たちは将来、似たような場面に遭遇したときに、きっと同じ選択をとるだろうと私は心配になります。

「下手の横好き」は粘り強く、タフです。同じような状況に陥ったときに、たとえ技術が足りなくても、何とかしてそこを乗り越えていく努力をするでしょう。大切なのはその姿勢、マインドなのです。

ある学校にAとB、2名のスポーツ入学希望者がいました。枠は1名。Aはテニスの実力は高いものの、何事も受け身な性格。BはAに比べて実力は落ちるものの、ひたすら試合に出続けるなどチャレンジ精神にあふれていました。連戦連敗ですが、全身からテニスが好きだというオーラが伝わってきます。

テニス部の監督はAに入学してほしがっているようでしたが、私はBを推すようにアドバイスしました。テニスを追求するその姿勢、執念、気持ちが、きっとチーム全体にいい影響を与えてくれると感じたからです。さらに卒業後に何らかのかたちで学校に貢献してくれるのもBのほうだという確信もありました。Aの高い技術よりもBのマインドを高く評価したのです。

そんな話をしていると、お母さんがハッと気づいたように話し始めました。

「そういえば、うちの子は下手なので、まだ試合に出られるレベルではないのですが、仲間の選手が試合に勝つと自分のことのように喜んで、みんなから大笑いされています。少し気恥ずかしいのです

が……」

　みなさんはドラえもんの映画『のび太の結婚前夜』の話を知っていますか？　のび太としずかちゃんが結婚するのですが、その前夜、不安に襲われたしずかちゃんに対して、お父さんはこう諭すのです。

「あの青年（のび太）は人の幸せを願い、人の不幸を悲しむことのできる人だ。それが一番人間にとって大事なことなんだからね。彼なら、間違いなく君を幸せにしてくれると僕は信じているよ」

　試合に出られなくても、仲間の勝利を自分のことのように喜べるマインドはとても素晴らしいものだと思います。チームが勝っても自分が負けては意味がない、まったくうれしくないとふてくされている態度の人間と、どちらが素敵ですか？

「下手の横好き」の根底に流れているマインドは、自分は下手だけれども、自分もその人といっしょになって戦っている、あるいはその人になりきって戦っているというものだと思います。だから自分のことのように喜んだり、悲しんだりできるのです。その人とつながり、その人から〝幸せ〟をもらっているのでしょう。みなさんにも、そういうマインドを持った素敵な人間になってほしいと思います。

仲間の勝利を自分のことのように喜べる、そういうマインドを持った素敵な人間になってほしい

　いくらテニスがうまいと自分で思っていても、ノバク・ジョコビッチやロジャー・フェデラーらトップ選手から見れば、誰のテニスも「下手の横好き」レベルなのですよ。ではどうしてテニスを続けるのでしょうか。理由などありませんね。テニスが好きだから、面白いからではないですか。それでいいのです。「好きこそ物の上手なれ」という言葉もありますが、「下手の横好き」でも全然ＯＫなのです。
　本人は「プロになりたい」と夢を見ているようですが（笑）、聞いている限りでは不可能に近いでしょう。それでも彼は今、生きていく上で大切な術を、テニスを通じて学んでいる最中です。それで十分ではないでしょうか。

Chapter 7

「変化」の重要性

現状維持で満足した瞬間から退化が始まる

テニスではなく、他競技で全国連覇を続けているチームの監督と話す機会がありました。

「全国に行けば、いろいろなチームがあります。規律の厳しいチーム、逆に規律が緩いチーム、まとまりのないチーム……。でも試合になると目立って活躍する選手というのは、枠からはみ出ているような気質を持っていたりするんですよね」

　実は私も同じようなことを感じていましたから、監督の話には〝我が意を得たり〟という気持ちでした。さらに監督は、こうも言いました。

「だから、そういった少しワイルドなチームがいてもいいと思います。そのほうが観ている人も面白いんじゃないかなと。もちろん基本的な規律はできていないといけませんが、全国に出場するチームは〝こうでなければならない〟という枠をもっと広げてもいいかなと思うようになりました」

　私はこの監督が連覇を続けている理由がよくわかった気がしました。自分の中で変化が起きていて、それを受け入れているのです。関係者に聞くと、この監督が指導するチームの練習メニューやスケジュールは毎年、少しずつ変化しているそうです。全国で勝って成功しているのだから、わざわざ練習メニューやスケジュールを変える必要などない。変えればリスクをともなうから失敗するのではないか。そう思う方もきっといるでしょう。でも、監督にすれば、同じことを繰り返していてはとても連覇などできないという気持ちがあるようです。

　連覇を続けている王者がどっしりと構えていることは正しいですが、胡坐をかいて現状に満足していたら成長はありま

せんので、いつか必ずやられます。

下りのエスカレーターを思い出してください。（実際にはマナー違反ですが）あなたはそのエスカレーターを駆け上がり、中間に来たとイメージしてください。何もしなければ、あなたは下がっていきます。そうならないために足を動かすでしょう。ただ、そうすればそこに留まることはできますが上には行けません。ずっと同じ場所で足を動かしているだけのことです。そこから上に行くためには、さらに大きな力を必要とし、今よりも早く足を動かして加速をつけて上がっていかなければなりません。

何もしなければ下がっていき、同じことをしても停滞、現状維持。上を目指すなら、さらなるパワーアップが必要という図式はイメージできたでしょうか。

「もちろんベースは決まっているのですが、そこに変化を持たせないと現状維持で終わってしまいます。前にやったことは経験上、2度目、3度目となって選手も刺激が薄れていきます。新しいものを取り入れ、そこには成功も失敗もあるけれど、挑戦する姿勢、気持ちを持っていないと前には進めません」

監督の言葉を聞きながら、私はあるベテラン農家さんから聞いた話を思い出しました。収穫がよかったからといって、同じ作物の種をまた同じ場所には決して蒔かないそうです。その場所は養分が吸収されてしまったばかりだから、少し場所をずらすと言います。そして同じところには違う種類の種を蒔き、違う養分を吸収するのだと教えてもらいました。さらに、肥料は根っこから少し離れた場所に蒔く。そうすると根っこは肥料を得ようと強い力で肥料を吸収するそうです。そのちょっとした変化が収穫高につながるのだと言います。

「変化＝成功」ではない

冒頭の監督は、全国大会にも「いい加減なチーム」がいてもいいのかなと思うようになりました。自分の枠というものを広げるとともに許容範囲を広げ、新しい変化を受け入れようとしたのでしょう。そこには若者の気持ち、時代の変化に臨機応変に対応していこうという柔軟な姿勢が見られます。

変化の必要性については、みなさんも思い当たる節があるのではないでしょうか。新しい仕事、新しい課題に取り組むよりは、同じことをやっていたほうが楽――変化することはたいへんだし、時間がかかるし、そもそもやる必要が本当にあるのか、などなど言い訳のオンパレードになりがちです。要は、変化は面倒くさいのです。今までのことは経験上、自分の枠の範囲内でできることだから楽。わざわざその枠を広げたくない。でも本当は変化の必要性はわかっているはずなのです。このままではいけない、やらなければいけない、と。

ここで大事なことをお話しします。意識的であれ、無意識的であれ、変化が生じたときは、すぐに結果、成果を期待してはいけません。そうなると「やっぱり、やらなければよかった……」というネガティブな気持ちになり、次につながらないからです。

「変化＝成功」ではありません。変化にはリスクがともないます。今までと違うことをしているわけですから、そこには痛み、苦しみ、居心地の悪さが当然あるでしょう。でも、それはそこに挑戦し、適応しようとしているからこそ感じるものです。そこを我慢することも成功するためには必要なプロセスです。あのとき我慢してよかった、あのときやめなくてよかったという経験は、誰にでも少なからずあると思います。

こう書くと、何でもかんでも変わることが大事だと思うかもしれませんが、そうではありません。変わろうとする気持ち、その姿勢が大事だということです。

安住の地を求めたときから失敗が始まり、退化につながると言います。一流のスポーツ選手を見ていれば、その意味がよくわかるでしょう。彼らは絶えず進化を求めています。みなさんにも現状に満足することのない向上心を持ち、少しでも変化、成長を求める姿勢を忘れないでほしいと思います。

相手の立場に立つ、相手と立場を変える ――ロールプレイ

両親や先生などから誰もが一度は言われたことがあると思います。

「相手の立場になって考えなさい」

テニスに限らず、選手とコーチの信頼関係というのは非常に重要で、選手のパフォーマンス、成績に大きな影響を及ぼします。お互いがお互いをリスペクトできる関係がもっとも理想的と言えるでしょう。

ある選手とコーチの関係がぎくしゃくしていたことがありました。選手はコーチの言うことを適当に聞いているという態度で、コーチはコーチで熱がなく、仕事でやっているという感じになっていました。誰が見ても良好な関係とは言えませんでした。

その選手の親から相談された私は、ふたりを呼んで練習を中止し、グラブとボールを持ち出して広場でキャッチボールをさせました。選手は野球が大の得意でしたが、コーチは大の苦手でした。キャッチボールをしてもコーチはなかなかうまくプレーできません。

そこで私は選手に、「ボールの捕り方をコーチに教えてあげてほしい」と指示しました。選手は最初は面倒くさそうでしたが、手取り足取り教え始めました。コーチもいろいろと考え、コツをつかんでいき、数日後にもう一度会ったときには、ふたりでキャッチボールが普通にできるようになっていました。

私がしたことは簡単なことです。いつもと立場を逆にしたのです。いつもは教えるコーチを教えられる側に、いつもは教えられる選手を教える側にしたのです。後日、ふたりを別々に呼んで何を感じたか聞いたところ、コーチは「言われてもすぐにはできないこともあると改めてわかった。選手に言い過ぎたと反省しました」と言い、選手も「教えることの難しさがわかりました。できなくてすぐにイライラしたり、コーチの気持ちが何となくわかりました」と口にしました。

以後、ふたりの関係は以前よりも良好になったようです。これは心理学の『ロールプレイ』という、よく使われる技法です。私が、私が、ばかりでなく、相手の立場に立って考えられると、プレーヤーとしてもコーチとしても、人としても大きく成長できると思います。とてもシンプルなことですが、意外と気づかない人が多いものです。

Chapter 7

「マインドフルネス」とは？

意識を「今、ここ」にフォーカスする

　みなさんは「マインドフルネス」という言葉をご存知ですか？　日本マインドフルネス学会では「今、この瞬間の体験に意図的に意識を向け、評価をせずに、とらわれのない状態で、ただ観ること」と定義しています。私なりに噛み砕いて言えば、今の自分の意識や気持ちをネガティブかポジティブで「評価」をすることなく、その状態を自然体で感じることだと解釈しています。では、そうすると何がどうなるのでしょうか？

　それを説明する前に、2017年スポーツ心理学会マインドフルネスワークショップ（家接哲次先生／名古屋経済大学、黒川淳一先生／医療法人桜桂会犬山病院）で体験してきた『レーズン・ワークショップ』を紹介しましょう。時間がある方は、順番に沿って〝時間をかけて〟実践してみてください。

①レーズンを一粒用意してください。
②あなたは火星人です。火星から地球にやって来ました。レーズンを見るのは初めてです。それが食べ物がどうかもわかりません。
③まずはじっくりとレーズンを観察してみてください。
④今度は手に取って触れてみてください。そしてよく見たり、転がしたり、臭いを嗅いだりしてください。
⑤次は舌の上に置いて舌触りを感じてみてください。まだ噛んではいけません。
⑥では一口だけ噛んでみてください。どんな味がしますか。
⑦もう一度噛んでみてください。ただし、飲み込んではいけません。
⑧何度も噛んで味わったら飲み込んでく

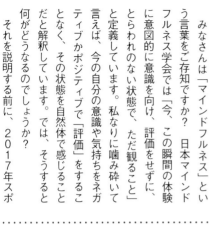

ださい。

これで終わりです。さて、あなたは食べ終わってみて、どんなことを感じましたか。

「すごくシワシワだった」

「思ったより美味しかった」

「意外と濃い味がした」

「あまり臭いがしなかった」

いろいろな感想が出てくると思いますが気づいてほしいのは、一粒のレーズンの中にはそれだけ多くの情報があるということです。時間をかけて意識をレーズンだけに集中して食べれば、それだけの情報を得られるということです。

普段はどうでしょうか。これだけ時間をかけてレーズンを味わうことなどありません。つまり「レーズンはこんな味だろう」という知識、思い込みの味の中で食べているだけに過ぎないのです。レーズンはレーズンでしかありません。それでも意識をそこに集中させるだけで、感じ方がガラリと変わるということです。

時間をかけて味わったレーズンの感想が、マインドフルネスの目指す方向で、これまで自動化されたものに対し、今まで気づかなかったことを気づかせてくれるわけです。

レーズンを自分の周りで起きている出来事や、これまでの経験と置き換えてみてください。その人の受け止め方や考え方次第で状況が大きく変わる、変えられるということです。何事も時間をかけてゆっくりと行動しなさいと言いたいのではありません。自分の意識を今、目の前にあることだけに集中すれば、ニュートラルな状態で物事を受け入れられるのです。

「今を大切に！」「もったいない！」の気持ち

多くの人は、自分の持っている機能にほとんど気づいていません。もっとできるのに、もっとやれるのに、内ではなく外に、自分ではなく他人に解決策をすぐに求めてしまうのです。

パソコンを例にしましょう。パソコンにはいろいろな機能がついていますが、みなさんはそれをどれだけ理解しているでしょうか。ただ文書を打つだけ、メールを送受信するだけ、インターネットを見るだけ、と最低限の使い方しかしていないかもしれません。「それだけで十分だよ」と言う人もいるでしょうが、パソコンにはもっと〝できること〟があることを知ったほうがいいと思います。

面白いのは、「それだけで十分だよ」と言う人に限って、すぐに外部に新しい機能を求めることです。その機能は、実はすでにパソコンの中にあり、目の前のパソコンでできることなのです。でも、そのことを知らないから（知ろうとしないから）、無駄なお金を出して新しい機能を外から取り入れようとします。実にもったいない話ではありませんか。

学習塾に行かないと成績が上がらないと思い込んでいる親御さんも同じかもしれません。その子は自宅でも勉強できる能力があるかもしれません。もしかしたら学習塾よりも自宅で勉強したほうが、その子に合っているかもしれません。「この子は家では勉強をやらないんです」と言うかもしれませんが、我が子の勉強に対する取り組み方をもっと俯瞰的に見てはどうでしょうか。

ある選手はトップレベルの大会で日本代表に選出されました。「自分なんかが出ていいのかな？」と自問自答の日々だったそうです。試合のことを考えると緊張で眠れず、食欲も低下しました。でも、ある瞬間に気づいたと言います。

「そんなことを考えているのは、もったいないな！」

どんなに緊張しても試合の日はやって来るし、試合が始まって数時間も経てば試合は必ず終わります。であれば、試合終了までの時間をいいかたちで過ごさないと「もったいない」と思ったそうです。緊張して過ごしていては「もったいない」し、どうして自分なんかが選ばれたのかと考えている時間が「もったいない」と思い至ったそうです。と同時に「やってやるぞ！」と心に火がついたと言います。自分の持っているすべてを出し切ろうと思ったと言います。自分の機能をフル稼働させて全力で挑むこと、その気持ちが大事なのです。

翻ってみなさんはどうでしょうか。この選手のように「くよくよ考えていては時間がもったいない！」「よし、やってやろう！」と思えますか？　ネガティブな思考、言動ばかりになっていませんか？

メンタルが強い選手は結果よりも過程

を重視します。逆にメンタルの弱い選手は過程よりも結果ばかりを気にします。プロの世界ではよく「結果がすべて」と言われますが、結果を出せる選手というのは、そのためには過程が大事であることをよくわかっています。

過去も未来も大切ですが、一番気持ちを向けるべき場面は「今」であり「心と体を調和させること」を忘れないようにしてください。テレビも人生も面白いのは「ライブ」です。同じことは二度と起こりません。眠っているあなたの感性を働かせてください。今、ここで何をするのかが成功へのカギです。

「もがく力」を身につける

あなたが本来持っている機能は、まだまだ十分に発揮されていないと考えます。そこで、感性を働かせて「今、ここで」に気持ちを集中させ、引き出そうではありませんか。

同じようなレベルで試合をするとシーソーゲームになると思われがちですが、案外一方的な展開になってしまうことは珍しくありません。そういう試合で私が注意して見るのは、勝っているほうの選手ではなく負けているほうの選手です。そのまま、あっさりと負けてしまう選手もいれば、逆転を信じて粘り強く戦い抜く選手もいます。目指してほしいのはもちろん後者です。

想像してください。刀を腰のさやに収めている武士がいるとしましょう。相手の武士に先に右手を切られたら、次は左手で、左手も切られたら、身体ごと相手にぶつかっていく、そんな根性を持って戦う武士になってほしいと思います。

あっさりと負ける選手というのは、右手を切られた時点ですぐに「参った!」です。逆転できる選手というのは、まだ左手が残っていると考え、そして左手を切られても刀先を何とか相手に向けて突進していく覚悟があります。要は二の手、三の手があるのです。

大きくリードされたとしても、どこでどう状況が変わるかわかりません。もう少しだけ頑張っていればチャンスがやってくるかもしれないのです。一度だけで「参った!」と降参してしまうのではなく、二の手、三の手を自分の中から引き出し、最後まで「もがく力」を身につけてください。自分の力を出し切るというのはそういうことです。

Chapter 7

集中力とビジランス

集中力を妨げる要因は、大きく5つに分けられると言われます。試合や練習の途中で集中力が切れる、切れやすいというのなら、どうしてそうなるのか、その理由を考えてみてください。

①**外的雑念**　審判のミスジャッジ、相手の野次など

②**外的プレッシャー**　「この試合に負けたら罰練習だ！」など先生やコーチから言われること、など

③**内的雑念**　試合中に意味のない不必要なことを考えてしまう、など

④**内的プレッシャー**　このゲームを落とすと負ける、自分が勝てないとチームも負ける、など

⑤**心身の疲労**　心身が疲労している、ケガをしている、など

自分が何によって集中力を切らしてしまいやすいかを理解していれば、それに対応した練習法が見つかるはずです。①なら、練習中にわざと仲間に野次を飛ばしてもらう、②なら、自分にノルマを課しながら練習し、それがクリアできなかったらこうする、など……。

ただ、一般的に人は高いレベルで長時間、集中を維持することはできないと言われています。各々が持っている独自の集中のタイプや容量などがあるので、大切なポイントで集中のピークをつくる必要があります。

それは、あたかもフルマラソンを走るランナーが、どのポイントでスパートをかけるのか虎視眈々と狙っているのと同じ状態かもしれません。それを「ビジランス（vigilance）」と言いますが、油断せず警戒している、注意をするための持続的な側面です。すなわち、集中力は忍耐力とリンクしており、ここぞというときに最大の集中力を発揮するためには、通常の場面では辛抱強く、我慢に徹することが勝利の方程式なのです。慌てず、騒がず、そのときを待つのです。

プロサーファーは、すべての波に乗ろうとは思っていません。波が来ていないのにバタバタ騒いでも仕方がないからです。これだという波が来たとき、今まで我慢していたものを爆発させるようにその波に乗るのです。その波を見極める能力を身につけてください。

記者会見でプロの選手が「今日は最初から最後まで集中できた」と勝因を語ったりしますが、それはずっと集中力が高かったというよりは、集中の波をビッグポイントにピタリと合わせた結果、勝利につながったのだと推察します。気の抜けたミスもあったけれど、トータル的にうまく波に乗れたということです。

Chapter 8

言葉の力

Chapter 8

心の神経・筋肉を鍛えて強くなる！

声出しポイント付き

No. 1

勝利を手にする人は可能性が10%でもあればそれに突き進む人である。

声出し

「やってやろうじゃないか！」

成功する可能性が高いからやる、低いからやらない。そういう考えは捨てて、勝負することを楽しみましょう。できるか、できないか、ではなく、やるか、やらないか。それが成功だったか、失敗だったかは、他人ではなく自分が決めること。成功と失敗はいつも隣り合わせです。

No. 2 うまくいかない人は可能性が90%あるのに10%の不安に引きずられる人である。

声出し「やらないことが失敗だ!」

不安を持つことは決して悪いことではありません。ただし、あまりに持ちすぎては危険です。不安という種に自らせっせと水をやり、さらに大きくしてはいけません。水を与えるのではなく、あなたの前向きな熱い太陽で、不安の種を枯らしてやるのです。

No. 3 スランプに陥ると人は頭(理屈)ばかりで考えがち。頭より心と体を動かせ!

声出し「考えたって仕方ない!」

最近どうにも悪循環、うまくいかない……と思っていると頭でっかちになってしまいます。いろいろと考えて自分を正当化しようとするため、どうしても理屈っぽくなるのです。動かすところは頭ではありません。いま持っているものを一旦置いて(放り出して)ココロとカラダを動かしてみましょう。

No. 4

別の生き方があるかも。そう思うときは人生のストーリーを書き直すチャンス！

声出し

「このままでいいのか！」

そう思うということは、きっと何か原因があるはず。ただの現実逃れではいけませんが、「これでいいのかな?」と思ったときは、もう一度、自分の人生を振り返ってみるチャンスです。自分の過去に引きずられてはいけませんが、自分の過去を振り返る作業は前に進む意味でも大切な時間なのです。

No. 5

ライバルの失敗を念じたら自分が失敗する。エネルギーの出し方、間違ってるぞ！

声出し

「俺も勝つ。お前も勝て！正々堂々と勝負する！」

ライバルの結果が気になって仕方がない。だからと言って、負けろ。失敗しろ。やられてしまえ。それは弱者の考え方です。ライバルの実力を素直に認め、ライバルを倒す努力をし、ライバルと戦うことを楽しみにするのです。ライバルの存在があなたを成長させていると考えましょう。

No.6 雨が降ることを喜ぶ人だっている。要は考え方次第で心(気持ち)は変わる。

声出し 「ぜんぜんOK!」

起きてしまった過去は変えられませんが、現在の自分の気持ちは変えることができます。自分が思っていたことと違うことが起きたときに「NO」と拒絶するのではなく「OK」と受け入れてみる姿勢を持ちましょう。予想外を楽しむと、自分の幅が広がり、新しい世界が見えてきます。

No.7 伸びない人は間違いなく基本に原因がある。基本を見直してみよう!

声出し 「基本に返れ!」

頑丈な家というのは土台(基本)がしっかりしています。だから災害にも強く、そこに多くのもの(応用)を積み上げていっても崩れることはありません。応用も大切ですが、それ以上に大切なのは基本です。あなたは基本をおろそかにして、応用練習ばかりしていませんか?

No. 8

それが正しい道なら いま勝てなくても必ず 次につながる！

声出し

「今度こそやってやる！」

結果は重要ですが、すべてを勝敗で片付けてしまうと苦しくなり、危険です。たとえ試合で負けたとしても、やるべきことをやり、それが正しい方法であったと言えるのなら、その敗戦は次につながるはずです。やるべきことをやらないで勝つよりも大きな価値があるでしょう。

No. 9

準備は成功の始まり。準備のない本番は わざと失敗するようなもの。

声出し

「やるべきことをやろう！」

準備を怠る人は何事もうまくいきません。いきあたりばったり。地図も何も持たないで知らない目的地に向かうようなものです。『アリとキリギリス』のイソップ物語ではありませんが、先を見据えて、自分のやるべき準備をコツコツとやっていた人が最後は勝ちます。準備をするということは考えることです。

No.10

調子がいいときも悪いときも間のとれる人間になろう。

声出し

「ちょっとタイム!」

調子がいいときはこのままのペースでと突っ走り、悪いときは悪いときでせっかちになりがちです。それは高速道路でたとえれば、パーキングエリアを無視して運転し続けているようなものです。そこで間がとれる余裕を持つことができれば、もっと物事を俯瞰的に見られるようになります。

No.11

挑戦には苦痛がともなう。でも苦痛を避けたら進歩はない！

声出し

「楽なほうに逃げるな！」

挑戦というのは覚悟を決めて自分自身に挑むこと。当然、そこには痛みがともないます。その痛みは変化の印です。つらいし、苦しい。自分にはやっぱりできないと途中でやめたくもなるでしょう。そこであきらめずに挑むのか、楽なほうへと逃げてしまうのか。勝負の分かれ道です。あなたはどちらを選びますか?

No.12

怒りのエネルギーが本当の意味での成功につながることは少ない。

声出し

「冷静になれっ！」

「頭に来た!」「ふざけんな!」「やってられるか!」――その怒りをそのまま相手にぶつけても勝ち目はありません。感情的になったら負けと言い聞かせて時間をとり、怒りを鎮め、落ち着くことが先決。深呼吸です。そして賢く作戦を立てましょう。相手の挑発に乗ってたまるかの気持ちです。

No.13

人はどれくらい経験をしているかで、最後は大きな差が出てくる。

声出し

「何事も経験だ！」

チャレンジ精神がある、好奇心が旺盛、そんな人はいろいろなことを経験できます。やってみよう、やってやろうという気持ちが強いからです。一方、変化を嫌う人は逆です。今のままでいい、このままでいい、無理したくない。もったいないと思いませんか。経験はお金では買えません。

No.14 心の中のもう一人の自分に声を出して聞いてみる。きっと考えがまとまる。

声出し「これでいい? 本当にいいのか?」

メンタルが強い選手は客観的に自分自身の行動を見ることができます。少し離れたところで、もう一人の自分が見てくれているような感じです。何かに迷い、決断しかねているのなら、少し離れている自分に声を出して聞いてみましょう。こう思うんだけど、これでいいかな?

No.15 自分で問題を解決する術を知っているか? いつも誰かに解決してもらっていないか?

声出し「自分で考えろ!」

自分自身の問題なのに深く考えず、いつも誰かに振り、頼み、解決してもらっていませんか。それでは永遠に解決する術は身につきません。コーチの言われた通りにプレーしているだけで楽しいでしょうか。それは、ただの操り人形です。あなたの問題です。あなたの人生です。あなたが決めるのです!

No.16 365日ベストコンディションの人など誰もいない。

声出し「言い訳するな!」

試合に負けそうになると、カラダの痛みを訴える仕草をする人がいます。非常に見苦しいです。肩をグルグルと回したり、足を必要以上にさすったり、もう歩けないと屈み込んだり、負けたときの準備を始めます。そんな言い訳はいりません。みんな苦しい中で戦っているのです!

No.17 好きなものに対するアンテナは常に張っておくべきだ。

声出し「これは任せろ!」

自分が好きなこと、興味のあることについては、常にアンテナを広げておきましょう。それを意識していれば、必ずそれに対する情報が引っかかり、そこから大きなチャンスが生まれてきます。好きなこと、興味のあることは徹底して追求し、自分の武器にするべきです。

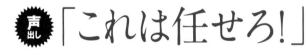

No.18

「ダメだ」と腹を括ることも大切なこと。自分の最低ラインに気づくことが上昇のカギ。

声出し

「ここは一時撤退だ！」

勇気のある人は前に進むだけでなく、後ろに下がることもできます。状況をしっかりと見極め、今何がベストかを的確に判断できるのです。どうしても前に進めないなら、今はダメだと一旦あきらめ、ここまでは下がっていいというラインまで戻り、次のチャンスを待ちます。三歩進んで二歩下がっても一歩前に進んでいます。

No.19 気持ちを落ち着かせたいときは相談する。

声出し「ねえ、聞いてよ!」

ひとりで悶々と悩んでいるのなら、その問題を信頼できる人に打ち明けるのは得策です。自分の思いや考えを遠慮しないで口に出してみましょう。一旦、自分の外に出すことで、別の見方をしている人からの意見をもらうことができます。新しいものの見方、考え方をするための刺激が入る、非常に貴重な時間となります。No.6を思い出してください。

No.20 レベルが上がれば不安や悩みも生じる。しかしそれはまた自分自身を見つめ直す時期でもある。

声出し「大丈夫。少しずつ成長している!」

大きな仕事、大きな試合、自分の役割……以前よりもレベルが上がれば不安や悩みも以前に増して大きくなっていきます。そんなときは「前はこうだったのに……」とため息をつくのではなく、自分はまたひとつ階段を上っていると前向きに考えましょう。自分は何をしたいのか。自分自身を見つめ直すチャンスにつなげるのです。

Chapter

9

悩み相談

Chapter 9

「悩み」が人を成長させる

それは「悩み」か「愚痴」か

ある選手から「悩みがあるので聞いてもらえませんか」と連絡があり、軽い食事をしながら話を聞くことになりました。最初は穏やかに話していたのですが、その選手は途中から口調が荒くなっていきました。

「必死にやっているのに……」「上の人は言うばかりで……」「ありえないと思う……」「やってられないですよ！」

まあまあ、落ち着いて、と私はなだめるのに苦労しましたが、同時に違和感を感じました。そこでその選手に聞いてみました。

「それで何を悩んでいるの？」

「え、ですから、いろいろと、やってられないというか」

「本当に悩んでいるの？」

「はい。すごくストレスで夜も眠れないんです」

その選手の話を聞きながら、それにしては食事もペロリと平らげているし、とても眠れていない表情とは思えない、むしろ熟睡しているように見えて吹き出しそうになりました。よくよく聞いていると、現状が不満で仕方がないだけなのです。その原因を自分以外のところに求めて、ただ外(私)にぶつけているだけ。もちろん何の解決にもなっていません。それは「悩み」ではなく、ただの「愚痴」だからです。

本当に悩みを抱えている人は、話を聞いていればわかります。その表情、言動、仕草や態度から本気度が伝わってくるものです。その選手は残念ながら、そうではありませんでした。悩んでいるのは口先だけで、とても深く考え込んでいるようには見えませんでした。

「本当に悩んでいるの？ では聞くけど、涙を流すくらい、心が押しつぶされそうになるくらい、悩んだと言える？」

「い、いや、そこまでは……」

私の迫力に圧されたか、その選手は口ごもってしまいました。本気で悩んでい

る人なら、ここで怯むようなことはありません。その選手に限らず、最近はそういう人が多く、「悩んでいると言うけど、それは悩んでいると言えるのかな？」と感じることがしばしばあるのです。松岡修造さんではありませんが、悩むなら本気で、とことん時間をかけて悩んでほしいのです。

人はなぜ悩むのか

悩みのない人生を送りたい。早く悩みから抜け出したい。そう思う人は大勢いると思いますが、私は悩みがあるからこそ人生はエキサイティングで面白いものだと思っています。なぜなら、悩み、あえぎ、その壁を乗り越えていくことで人は成長することができるからです。

人はなぜ悩むのでしょうか。それは試合前、あるいは試合中になぜ緊張するのか、びびってしまうのかという質問に似ているかもしれません。その試合に勝ちたいから緊張し、びびるのです。それと同じで、今の自分から、少しでもよい方向に進みたいから悩むのです。ですから悩む時間は大切なのです。

自分でどうすればいいか、何がベストなのかを必死に考える。そのための〝必要な時間〟なのです。決して無駄な時間ではありません。「悩んでいる場合じゃない！」と言う人には「とことん悩んだら？」と言葉を返しています。悩み抜いた人が出した結論がそれなら構いませんが、最初から深く考えることを拒否する人は、逃げているとしか思えません。

昼と夜の寒暖差が激しいほど紅葉が美しくなると聞いたことがあります。寒い時間も必要なのです。寒い時間があるからこそ暖かい時間があって、その差が大きいほど紅葉は美しく映えるのも納得です。悩みは必然で、それが深ければ深いほど解決したときの喜びは大きいのです。

何をもって成功なのか

ある選手がこんなことを言っていました。

「すごく悩み抜いて出した結論だったのに、結局はうまくいかなかった。自分ではベストな選択をしたつもりでしたが、あれは失敗だったような気がしています……」

私はその選手に言いました。

「それは決して失敗ではないよ」

その選手はキョトンとしていましたが、私が伝えたかったのは、そのときに悩み抜いて下した結論にこそ大きな意味があるということです。

真剣に悩み、深く考えれば信念や哲学が生まれます。悩みから逃げることなく真っ向から自分と向き合い、その中で下した結論です。何がうまくいかなかったかは知りませんが、それは結果論。その選手がふたたび何かに迷い、決断しなければならないとき、心の中にはすでに基となる信念や哲学が身についていますから、その声に従っていけばいいのです。

もちろん課題や反省点も見つかったでしょうから、その部分での修正は必要ですが、悩み抜いた過去の経験はきっと役立つでしょう。決断までの過程はブレないはずです。

私は松岡修造さん主宰の『修造チャレンジ』でメンタル部門を担当しています。そこには世界を目指すジュニアたちが集まり、松岡さんが中心となって世界へ挑戦するための心構えを徹底的に指導しています。ジュニアたちは誰もが一生懸命です。しかし世界を目指すということは決して簡単ではありません。ジュニアたちのその後の成長を見れば、それがよくわかるでしょう。世界への道を進み続けられる選手はごくわずかで、徐々にほかの道へと進路は変更されていきます。

そこで、お聞きします。結果的に世界に進めなかったジュニアたちは失敗だったのでしょうか？

私はそうは思いません。そのときに世界を目指し、挑戦して、一生懸命頑張ること、自分のすべてを出し切ること、それが大切なのではないでしょうか。それができたなら、たとえその後に環境が変わっても、その経験を活かし、ふたたびトライすることができるでしょう。その姿勢が大切なのです。

「僕は残念ながらグランドスラムの舞台には立てなかったけれど、今は◯◯の世界で頑張っています。あのときは本当に苦しかったけど、今は◯◯という目標に向かって頑張っています」

ある卒業生からそう言われたことがありますが、彼は世界に行けなかったから失敗なのでしょうか？ 決してそうではありません。私は大成功だと思いますし、あのときを一生懸命に過ごした彼なら、またきっとやれると信じられます。

「悩み」は「悪」ではない

一生懸命に過ごし、悩み抜いて下した結論にこそ大きな意味があります。だから、とことん悩みなさい――と言っても、ネガティブなことばかり考えてしまうのは危険です。ネガティブなことばかり反芻していては深い闇に入り込んでしまいます。ポジティブ、ネガティブ、良いこと、悪いことをうまくブレンドして、自分なりの答えを導き出してほしいと思います。

悩みがない人のことを、どうこう言うつもりはありません。私が言いたいのは、悩みがあっても決して悪いことではないということです。人は悩み、考え抜くことで成長できます。未来の結果まではわかりません。それでも自分が悩み抜いて下した決断なら、たとえうまくいかなくても納得できるし、次のステップに進めるはずです。

悩みをグループで打ち明け合う交流会というようなものもあります。人の悩みを聞いていると「そんなことで悩んでいるのか」「私ならこうするのに」「それはたいへんだ」など、さまざまなことを思うでしょう。でも、それこそが交流会の目的です。交流会、グループの良さというのは、人の悩みを自分の悩みに置き変えられること。そして、それが自分の悩み解決のきっかけになることが少なくないのです。同じ悩みを抱えている人たちと気持ちが合うのは、そういうことなのです。

Chapter 9

「悩み」を「力」にする

イチロー選手も悩み、苦しんだ

2009年のWBC（ワールドベースボールクラシック）を憶えていますか？　日本代表チームは劇的な幕切れで2連覇を達成しました。特に私の中で印象に残っているのはイチロー選手です。「これまでの野球人生では味わったことのない気持ち」と優勝後のインタビューでの感極まった表情や、「結果が出ないと悔しいし、つまらない」と悔しさをにじませ、悩み苦しむ姿は、イチロー選手の新たな魅力を見せるものでした。

イチロー選手は開幕からまったくヒットが打てませんでした。WBC第2ラウンドの「日本対キューバ」戦で、私たちは待ち望んでいたイチロー選手の快音をやっと聴くことができました。それは13打席ぶりとなるヒットで、前の打席で送りバントを失敗したあとに訪れました。試合後、イチロー選手はそのときの心境を振り返って、「ほぼ折れかけていた心がバントの失敗でさらに折れた。ほぼ折れかけていた心をぎりぎりで繋ぎ止めた」と述べています。そして、この状況から這い上がれたのはチームメートがいたから、と心からの感謝の意を述べていました。

実は大会が開幕する前からイチロー選手の調子はいまひとつでしたが、イチロー選手なら必ず打ってくれるはずだという国民の期待が、逆に長いトンネルとなって立ちはだかってしまいました。イチロー選手は相当苦しかったと思います。でも逃げることなく、正面から受け止めて、それを乗り越えたのです。

自らのルーティーンを見直して望んだ大会とも言われています。13打席ぶりのヒットは、追い込まれてからとんでもないボールでもファールで粘り続けて、やっとのことで勝ち得たものでした。こういったことの裏には、苦悩と工夫があったことをみなさんには知ってほしいです。

「プレッシャーを背負ったまま戦うのだ。あきらめてはいけない。あきらめたらすべてが終わってしまう」、これはイチロー選手の言葉です。

成功する人に共通する3つの要素

夢や目標を達成するためには、密度の濃い時間を過ごさなくてはいけません。そのためにはまず現役のスポーツ選手であれば、与えられた時間は決して長くはないということに気づくことです。自分がいま生活している1分1秒には、大きな価値と意味があることを認識してください。

スポーツはもとより、ビジネスや芸術の分野で成功する人に共通する3つの要素があります。

1つ目は自分はこうなるのだという「人生の青写真（成功イメージ）」が明確にあることです。

2つ目は、それを達成するための「優先順位」がはっきりしていることです。たとえるならば駅に行ってから、「さて、どこ行きの切符を買おうかな?」などと考えているのではありません。彼らが駅に行ったときには、すでに目的地もそこで何をするかも決まっていて、切符を買いに行っているということです。

そして3つ目は、制限時間で問題を解決する能力が高いということです。彼らは問題の解決にあたるときは、まるで豹が獲物を狙うかのような思考になっていきます。問題が複雑であればあるほど闘志が湧いてきます。そしてその行動には「突破力」といわれるパワーとスピード、絶対にあきらめない「しつこさ」が存在します。

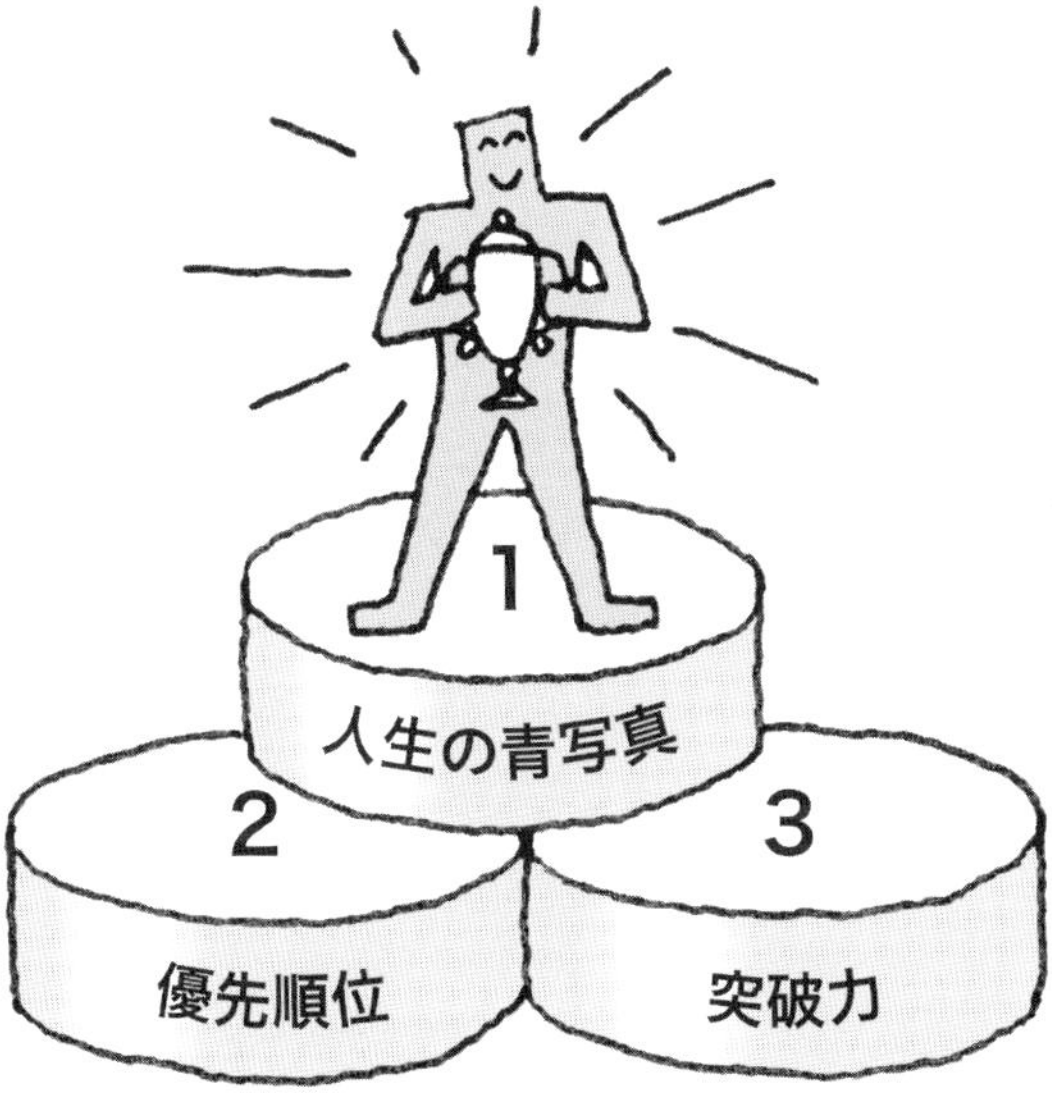

自問自答の効果

グランドスラム決勝で何度も対戦してきたロジャー・フェデラーとラファエル・ナダル。歴史に残る名勝負となった2008年のウインブルドン決勝では、まもなく日没順延という時間まで戦い続け、最後は第5セットの9─7でナダルが勝利したことは、今もテニスファンの心の中に記憶されていると思います。敗れたフェデラーは、「自分はいいプレーをしている自信があったので、それを続けることだけに集中していた」と言っています。たとえファイナルセットで破れても、「彼を祝福して家に帰るだけ」という言葉からは、いかに勝利のために自分をコントロールしていたかがわかります。

ここで、自分に気づくための6つの質問を挙げますので答えてみてください。

2008年ウインブルドン決勝

❶ あなたは、どのような
テニス選手になりたいですか？

❷ あなたの長所は何ですか？

❸ あなたはテニス選手になるために、
最善の努力をしていますか？

❹ あなたの理想の
テニス選手になるための時間は、
あとどのくらいありますか？

❺ 今のチャレンジを継続していれば
理想のテニス選手になれますか？
それはいつ頃ですか？

❻ 今のチャレンジでは
目標を達成できないと気づいたときは、
どのような修正をしていきますか？
具体的に答えてください。

成功する人たちは常にこれらの質問を

自分自身に問いかけて生活しています。人間の心は結構頑固ですから、自問自答しながら思考と行動を成功のルートに乗せていくことが大切です。一方、なかなか成功できない人は、わかったつもりでも実はわかっていなかったり、知っていても実行しないことが原因です。自分の才能を発揮したい人は以下のことに注意してみてください。

① 自分は絶対に成功するのだ。成功することは自分も他人も、そして社会も幸福になるのだということを認識すること
② 不平不満、短所よりもよいところを探すこと
③ 自分が成長するために、自ら進んでチャンスをつかむために行動すること
④ 難しい問題が起こっても解決するために闘志を燃やすこと
⑤ 自分は、世のため人のためにどうしたら貢献できるか考えること
⑥ 失敗や挫折は成功の前触れと考え、あきらめないこと
⑦ 自分の行動に責任を負うこと

Chapter 9

ゲシュタルト心理学の応用

悩みの解決法は自分の中にある

どんな人でも悩むときはあります。自分自身では解決できないと思うと、あきらめたり、他人に頼ろうとするかもしれません。しかし、自分にはわかっていなくても、その問題解決策はあなた自身の中にある場合がほとんどです。それは、ほとんどの場合、気づかない、隠された能力のようなものです。それに気づくための方法をいろいろと考えてみましょう。

図を見てください。これは有名な『ルビンの盃（杯）』という図です。あなたには何が見えますか？　盃ですか？　人の顔ですか？　盃が見えているときは人の顔が後ろで、人の顔が見えているときは盃が後ろにあります。人はこれらを同時に見ることができません。

言い換えれば、今の自分があるのは過去があるからで、それがいま見えているほうで、過去はいま見えていないほうです。それをひっくり返すことで、より今の自分の立ち位置がはっきりしてきます。つまり、過去を振り返り、今の自分を知る、ルーツを知ることは重要だということです。

『ルビンの盃』はドイツの『ゲシュタルト心理学』を説明するときにたびたび使われる図です。ゲシュタルト（Gestalt）とは、ドイツ語で「形態」と訳されます。特に人間の精神などは、ただ単に部分と部分、あるいは要素と要素が集まったものではないのだと主張しています。大切なのは、部分や要素を意味ある全体像にまとめ上げたものであり、「全体は部分

ルビンの盃

の総和以上のものである」という考えが前提にあります。

ゲシュタルトをつくるときの原理は、「図と地」です。図とは目立つほう、地は目立たないほうを指します。ゲシュタルトをつくるときには、必ず図と地がつくられていることが大切で、図と地が定まらない、もしくは図と地が凝り固まっている（どちらか一方しか見えない）というのが問題になります。

行動を言語化できる力をつける

石川遼選手がまだ10代の頃の話です。過去に何勝もしているベテランのプロゴルファーが石川選手と対戦した感想を尋ねられ、こんな言葉で評していました。「遼君を見習って僕も頑張ります」「僕も遼君に負けないように一生懸命プレーします」と。

この頃から石川選手は技術的にも精神的にも成熟しているように見え、とても18歳とは思えない立ち振る舞いを見せていました。彼はこれまでに積み重ねてきた過去の大切さも認識していて、10代とはいえ自分の立ち位置をよく理解した受け答えをしていました。

一般的に若者は心技体において、不完全で凸凹があるものです。良い面でも悪い面でも視野が狭くなり、一気に突っ走ってしまう傾向が見られます。その結果、壁にぶつかったときには、どんなに分厚い壁であろうとも力づくでぶち壊そうとし、失敗してしまうことは少なくありません。本当はこういう道を選んできたから壁にぶち当たったのだ……と冷静に分析をすれば次へ踏み出せるのにもかかわらず、それができないものなのです。ところが石川選手はそれができていて、当時は本当に驚きました。

さらにすごいところは、事柄を他人に対して言葉でしっかり伝える能力を持っていました。言葉は心理学の専門用語で「第二信号系」と呼ばれ、人間固有の自己表現する手段です。仮に言葉がなくても人に伝えることはできますが、言語化できるということはその事象を深く理解していないとできません。

一流選手に共通していることとして、試合中の出来事を非常によく覚えていて、他人に対してもわかりやすく説明できることが挙げられます。記者会見などを聞いているとみなさんも感じるはずです。しかし初心者は説明はおろか、自分が何をやったのかもわかっていません。これらのことからもわかるように、そのとき自分がどうしたのか、「過去（プロセス）」と「そのときの現象（現在）」とを言葉でしっかりと結びつけられるということがとても大切なことです。

一人二役のイメージを使った問題解決法

私がスウェーデン留学中に参加したメンタルトレーニング講習会で習った、イメージを使った問題解決法を紹介しましょう。まず、イメージが湧きやすい十分にリラックスした状態をつくります。その後、カウンセラーが言葉でガイドをしていきます。

カウンセラー「さあ、目をつぶってください。目をつぶっていると、あなたの目の前に一本の道が見えてきます。それはどんな道ですか？」

クライアントのイメージ「山道です」「アスファルトのまっすぐな道」

カウンセラー「さらにどんどん歩いて行ってください。すると遠くに一軒の家が見えてきます。それはどんな家ですか？」

クライアントのイメージ「古い大きな家です」「ペンションかな」「教会かな」

カウンセラー「それでは、その家まで行きましょう。あなたは家の前に到着しました。家にはドアがついていますね。それはどんなドアですか？」

クライアントのイメージ「ものすごく大きくて、重そうです」

カウンセラー「それではドアを開けて、家の中に入ってみましょう。すると中には一人の老人が座っています。どんな姿形ですか？　それでは挨拶をして、あなたの悩みを打ち明けてください」

クライアントのイメージ「（悩みを打ち明ける）」

カウンセラー「老人は必ずそれに対する答えを話してくれます。それを覚えておいてください」

　このように話したあと、時間を置きます。そしてカウンセラーは、「答えをもらったらお礼を言って、ドアを閉めて、来た道を戻ってきてください」と言います。

　その後、クライアントに目を開けてもらい、「どんな道でしたか？　家の状態は？　ドアは？」と聞き返します。あるクライアントは老人を「おじいさん」だと言い、また「おばあさん」だと言う人もいます。「どんな答えを返してくれましたか？」と聞くと、答えを返してくれて参考になったと言います。では、その答えは老人が返してくれたのでしょうか。実際は、自分自身がイメージを使って客観的に物事を分析して答えているのです。このようなやりとりで、自分自身で問題解決の糸口をつかむことができます。

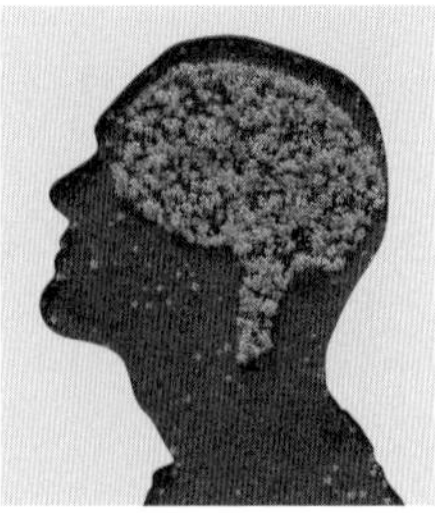

言葉と空き椅子を使った問題解決法

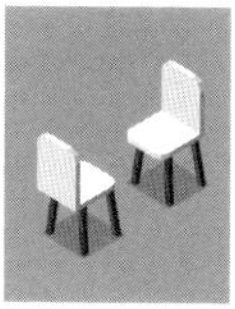

あなたが大切な試合で不甲斐ないプレーをして負けたとしましょう。試合終了後は、すっきりしない「もやもや感」が心の中に残っています。

一般的には、「どうしてそうなってしまったのだろう?」「あのとき、守らないで攻撃するべきだった」「なぜできなかったのだろう?」「弱気になってしまったから」……このように心の中で自問自答が始まります。その結果、問題解決のきっかけが見つかることもあれば、方法を間違えるとますます悩みの泥沼に入り込んでしまうこともあります。

ここで紹介したいのが「空き椅子」を使った心理療法です。空き椅子（エンプティ・チェア）とはゲシュタルト療法の一つですが、通常は心(頭)の中だけで行っていた自問自答を、(ここでは)向かい合わせにした2つの椅子を使って対話を進めていく心理技法です。

具体的には、向かい合わせにした椅子を2つ用意して、一人二役で対話していきながら問題を解決していきます。まず、椅子①に腰掛けてもらいます。悩んでいる今の自分を十分感じてください。そこで、悩んでいる自分を椅子①に残して、椅子②に移動します。椅子②から悩んでいる自分を見てみましょう。どうなっていますか? 「うなだれている」「しょぼくれいている」というイメージが浮かびます。

椅子②「何で悩んでいるのですか?」

椅子①「試合中、緊張してカラダが動かなくなってしまうので、どうしたらよいかわかりません」

椅子②「なぜそうなるのでしょうか?」

椅子①「勝ちたい、勝ちたいと思いすぎているのかもしれません。自分でプレッシャーをかけているような気がします」

椅子②「試合中に緊張したら、自分で何か対処する方法はありますか?」

椅子①「???どうしたらよいかわからなくなり、ずるずる負けてしまいます」

椅子②「緊張しているときは、カラダはどうなっていますか?」

椅子①「呼吸が速くなって、肩や腕に力が入ってガチガチになっています」

椅子②「そうなったら、どうしたらよいですか? 何かよい対処方法はありませんか?」

椅子①「呼吸が速くなっているのだから、深呼吸でしょうか? それから、筋肉が固くなっているのだから、肩を回したり腕を振ったりして弛ませればよいかもしれません」

椅子②「それはよい考えですね。実行しましょう」

このように自己対話をしていきます。自分の中で黙って考え続けているより、言葉と空き椅子とカラダをワークさせながら行うと効果的です。

Chapter

9 「ロールレタリング（Role Lettering）」のすすめ

「役割交換書簡法」書くことの意味と効果

自分の過去、現在、そして未来について話すことは、目標を達成するためにとても大切なことです。これらを言語化する方法のほかに、文章で表現する方法もあります。自分の気持ちや考えを文章にする方法としては、一般的に日記や手紙を書く方法が知られていますが、自分を客観的に見るためのすぐれたツールなのにもかかわらず、これを実行している人は決して多くはありません。

松岡修造さんは現役時代に、練習の内容はもとより、自分の心の中にある思いを毎日毎日、一年365日欠かさず日記に書き続けていたことは有名です。一日の終わりにその日の練習の内容やコーチからの言葉、そしてさまざまな出来事を日記に綴り、自己対話していたのでしょう。そして苦しいときや不安になったときには、日記を見直して過去を振り返り、原因を見つけるために役立てたと言います。書くこと、書いたものを読み返すことは自己成長の糧だといえます。

さてここでは、交流分析の理論を背景に考案された、日本独自の心理的援助技法である『ロールレタリング』について、原野義一先生（元ロールレタリング学会理事）の考え方をもとに紹介させていただきます。

ロールレタリングは、自分からある対象（相手）に手紙を書き、逆に相手の立場から自分に手紙を書くことを基本とする技法で、一人二役の役割交換を通じた手紙交換療法です。現在持っている自分の不満を、対象に直接ぶつけなくてもいい手法で、紙さえあればできるので簡便です。この狙いは、「自分を大切にする心」

と「相手を大切にする心」を育てるための有効な方法であり、対人関係改善や進路指導、少年鑑別所などに入所している少年などの更生目的でも応用されています。傷つけた人に対して手紙を書き、次にその人の立場に立って自分に手紙を書きます。それをすることによって、相手の気持ちがわかり、罪の大きさを再認識して気持ちが変わることがあります。

　私もロールレタリングという手法だとは知らず、こういった手法を過去にスポーツ選手に応用して効果を上げた経験があります。例えば、団体競技などで自分を使ってくれないコーチに対しての不満、「どうして、なぜ使ってくれないんですか？……むかつく」で終わってしまうのではなく、私からコーチへという手紙を、誰にも見せない、文字や文章の上手下手など気にせずという条件で書かせます。

　すると結構書けるのです。次にその書いた相手から自分への手紙を書きます。すると、これも結構書けます。さらに、その手紙を見て、さらにその人へ手紙を書きます。これを何往復かしていくと、相手への理解が深まり、自分のキャパシティが広がり理解が深まるのです。

　これは過去に遡り、あのとき言えなかった思いをぜひとも言いたい、伝えたい相手へでも可能です。もう亡くなってしまった伝説の人物や師匠、遠くに住んでいる両親宛でもいいでしょう。思いを吐き出すことで、誰にも知られずに自分一人でそっと解決する方法です。

　また、他者の視点で書くことで「気づき」がもたらされることになり（双方の視点に立つ）、思考と感情の統合や自己洞察が生まれます。同時に、書くことにはカタルシス作用があり、癒しをもたらします。安全性、有効性、汎用性があり、さまざまな領域に活用できますので、ぜひとも参考にして活用してみてください。

参考◎役割交換書簡法・ロールレタリング学会 https://jarl-rrlw.jimdofree.com

9

悩みにお答えします

解決のヒントにしてください！

Q1 試合に負けても悔しくありません。「悔しくないのか？」と怒られます。

「試合に負けても、あまり悔しくありません。全力を出して負けたのだから仕方がないわけですし、負けて号泣する人のほうが不思議です。みんなが泣いているときに、ひとりだけ普通にしていたら、『悔しくないのか？』と怒られました。『変わっている』とも言われます。これは悪いことで直したほうがいいのでしょうか？」（中学生／男子）

A

受け止め方が違うのは当然。悪いことではありません。ただ、周囲の気持ちを考えてあげることも大切です。

結論から言えば、決して悪いことではありませんが、悔しくて泣いている仲間の心情を理解することはとても大切です。

感情は自分が抱く気持ちのことで、自分なりの受け止め方です。それを心理学では「認知的評価」といいます。人に合わせて抱く気持ちではありません。例えば、同じ映画を観ても面白いという人がいれば、面白くないという人もいるでしょう。友達から本や音楽など「これは絶対にいいよ!」と勧められ、読んだり聞いたりしても、「それほどでも……」と思ったことはありませんか?　料理もしかり。美味しいか、美味しくないかは自分がどう感じたかです。自分のフィルターを通しているので、その受け止め方が違うのは当然のことなのです。悪いことであるはずがありません。

ただ一方で、例えば出席しなければいけないパーティーがあったとします。それは自分たちが主催するパーティーです。そのときにあなたがつまらない顔をしていたら、パーティーに参加してくれた人たちはどう思うでしょうか?　ワイワイと必要以上にテンションを上げる必要はありませんが、場のムードを保ったり、楽しそうに振る舞う必要はあるでしょう。「楽しくないのだから、無理に楽しくする必要はない」という態度が正しいわけがありません。そうすれば、せっかくのパーティーは台無しになってしまいます。

自分の気持ちも大切ですが、もう少し物事を俯瞰的に、そして寛容な心で見られるようになるといいでしょう。それは社会性、社交性を身につけることとイコールです。自分の気持ちに正直になることはよいことですが、周囲の気持ちを考えてあげることも同じくらい大切です。

本や音楽を勧めてくれた友達に「つまらなかった。時間の無駄だった」と言ってしまえば、相手は傷つくでしょう。これは絶対に面白いから、あなたにもぜひ読んでほしい、観てほしいと教えてくれたのです。その気持ちを考えてあげることができれば、そんな言い方にはならないはずです。嘘をついて「とても面白かった」と言う必要はありません。「ありがとう。でも私には少し難しかった……」くらいの感想でもいいのではありませんか。

試合に負けて号泣する人が不思議とありますが、向こうもあなたを不思議と思っているでしょう。その人は号泣するほど悔しい思いをしたのだと思います。いっしょになって号泣してあげる必要はありませんが、その気持ちを察してあげることは大切です。「人に合わせる必要などない」と思うかもしれませんが、それは思い違いです。合わせるのではありません。思いやってあげるのです。

Q2

実力はほぼ同じライバルに、大事な試合で勝つためにはどうすればいいですか？

「僕には絶対に負けたくないライバルがいます。対戦成績は、ほぼ互角で実力は同じくらいです。でも代表決定戦などといった大事な試合になると相手のほうが強いのです。大事な試合で相手に勝つには、どうすればいいでしょうか？」（高校生／男子）

A ライバルへの過剰な意識を捨て、自分のプレーを出し切ることに力を注いでください。

実力とは、「実際に備えている力」を意味しますが、実際は、その備えている力を本番で100％発揮できるかどうかは別の話になります。「練習試合か、代表決定戦か」「勝ちたい試合なのか、勝たねばならない試合なのか」などといった要因は、パフォーマンス発揮に大きな影響を及ぼします。

私は、プロフェッショナルのアスリートとワークすることがありますが、彼らには、いつでも、どこでも、どのような環境下でも、自分の実力を発揮することが要求されています。彼らが実施していることが、ヒントになるかもしれないので紹介しましょう。

まずは、自分と相手のプレーをスキャナーにかけるように分析してみます。戦い方、考え方はどうなっているのか。どんなポイントパターンが多いのか、どういうゲーム展開で進んでいるのか、勝ったとき、負けたときの流れはどうなのか。冷静に分析してみましょう。

面白い話があります。AとB、2人の水泳選手がいました。それぞれの記録を測るとAのほうが好タイムなのですが、ふたりを競争させて泳がせるとBのほうが速いのです。これは「力の経済性」といって、Aと競り合うことによってBは自分の力以上のものが出るのです。あなたがA、ライバルがBかもしれません。

あなたは大事な試合でライバルと対戦する前、ワクワク感を感じていますか？　相手が強く、自信あり気に見えていませんか？　おそらくあなたは、勝ちたい、勝ちたい、だけで、自分のやるべきことに集中できていないように思います。ネガティブな思い込みを乗り越えて、「また負けるかも…」ではなく「今度こそ勝つぞ！」の気持ちです。

あなたの不安が、相手を勝手に強くしているようです。ライバルへの過剰な意識を捨て、自分のプレーを出し切ることに力を注いでください。大事な試合で1回でも勝てれば、勝利の暗証番号が見つかり、そこからは勝てるようになるはずです。

Q3

競り合いに弱い自分を
どうやったら変えられますか?

「小さい頃から、競り合いにとても弱いです。まだイーブンの展開なのに、たぶん勝てないだろう、結局は負けるだろうという思いが必ず浮かんできて、その通りになります。ガッツポーズをつくったり、声を出したりして戦っていますが、気持ちのどこかで不安になり、あきらめて戦っている自分がいます。どうやったらこんな自分を変えられるでしょうか?」(大学生/男子)

A

誰もが不安の中で戦っています。その不安をどう潰していくかが重要です。

試合中に不安はつきものです。大事な試合、リードしていたら逃げ切れるか不安になるし、リードされていたら追いつけるのかと不安になるでしょう。大切なのは不安が出てきたときに、それをどうやって潰していくかです。そこが勝負です。

あなたはそれを、負けること、あきらめることで潰しているようです。なぜでしょうか? 私にはよくわかります。それが一番簡単で楽だからです。強い選手、勝てる選手というのは、その不安から決して逃げません。不安と向き合い、戦うことで、その不安を潰しにかかります。なぜなら逃げれば必ず負けるとわかっているからです。

試合前に、自分なりのイメージトレーニングをしておきましょう。こういう展開でこうなりそうだ、相手がこう来たらこう返そう、競り合いになるけど最後はこう戦って抜け出すなど、自分なりのイメージをつくっておくと不安が軽減されやすくなります。

運動生理学で、持久力の指標とされる最大酸素摂取量を測定する実験があります。方法は、トレッドミル(ランニングマシーン)の速度や傾斜を変えながら、負荷を段階的に上げていくもので、生理的限界、いわゆるオールアウトまで追い込むことが要求されます。これを何度か経験しているトップレベルの選手は、苦しくなる時間帯や自分を追い込む術を知っているので、本当の意味でオールアウト時のデータを測定することができますが、経験のない選手を測定すると、途中でギブアップして正確なデータを得ることができません。

その理由として、トップ選手は走り始めからオールアウトに至るまでに自分に何が起こってくるのかを知っているのに対し、経験の少ない選手は目の前の出来事に対応することで精一杯になり、その先を予測することができないからです。

長距離では、走り始めがきついという経験があると思います。まだ体力はたくさん残っているのに、なぜか走り始めが苦しいのです。それを運動生理学では「デッドポイント」と呼んでおり、心臓や肺などの呼吸循環器が運動に適応していない状態を指します。

実は、そこを少し我慢して運動を続けていくと急に楽になり、それを「セカンドウインド」と呼び、運動に呼吸循環器が適応した状態になります。セカンドウインドの状態になるためには、デッドポイントがやってきても、我慢してスピードを落とさずに走り続けることがコツです。

それはテニスでもまったく同じで、勝負強い選手は「ピンチはチャンス」ということをよく理解しています。負けそうになっても、苦しい状態になっても、そこを乗り越えたところに勝利があるということを知っているので、そこに勝負をかけていくのです。あなたが勝負強い選手になるためには、こうした勝利の方程式を理解することです。不安と向き合い、しっかりとした準備や強い気持ちで、その不安を潰すようにしてみてください。一度できれば、二度、三度、そしていつしか普通にできるようになっていくはずです。

Q4 一生懸命やっているのに、集中していないと怒られます。もうテニスをやめようかと考えています。

「自分では一生懸命にやっているのに、『ダラダラしている』『集中していない』とよく監督から怒られ、その結果、練習から外されて、反省するまで練習に参加させないと言われました。自分はしっかりやっていたと思うし、謝るつもりはありません。でも親や友人はとりあえず謝ったほうがいいと言います。納得がいかないし、謝ってもまた同じことの繰り返しになるだけなので、このまま退部しようかと考えています。自分は間違っていますか?」(高校生/女子)

A やっているつもり……を客観的な第三者に判断してもらいましょう。

これはよく聞く話です。テニスに限らず、他のスポーツでもそうですし、学校や会社でも似たようなことはあると思います。簡単に言えば、自分の評価と他人の評価が違うということです。そして多くは、「やっているつもりで、実はやっていない」のです。

私はある選手を指導するため、サービス練習をずっと撮影し続けたことがあります。その選手はサービスを打つときは一生懸命に取り組んでいるのですが、ちょっとした間ができると、態度が代わり、手を抜きます。それを知っている監督は「練習に集中していない!」と注意をするのですが、選手のほうは「ちゃんと集中して打っています」の一点張り。そこで私は2人に撮影した映像を見せて説明をしました。2人とも言っていることは決して間違ってはいないのです。ただ、どこを切り取って言っているかの違いです。

こういう際に必要なのは、客観的な第三者の目となります。いっしょに練習しているチームメートなどに「どう思う?」「私の態度はどうなのかな?」と聞いてみるのも大事なことでしょう。それをちゃんと聞いて、それでも納得がいかないのであれば、監督に「私のどこがダメなのですか?」と直接、聞いてみるのもありだと思います。ただ、監督と1対1の関係をつくってしまうと、こじれることがあり、そうなると力関係で負けてしまうことがありますから、そのためにも第三者の目は必要です。

あなたが言うように、納得がいかないまま謝っても何の解決にもなりませんから、それは正しい判断です。ただ、自分が間違っていないと思っているのに退部するという決断を下してしまうことは正しい判断とは言えません。

納得できないからやめるというのは、本当の意味での解決にはなりません。でも、もしもあなたが属するチームが、誰がどう考えても理不尽で劣悪な環境であるならば、そこに所属している必要はないと思います。そうではないのなら問題を解決して、これからもテニスを続けていってほしいです。テニスはグローバルで奥の深い、素晴らしいスポーツです。

Q5 実力は申し分ないのですが、自分のことしか考えていない選手がいます。

「中学でテニス部の顧問をしています。我がチームのエースは、テニスの実力は申し分ないのですが、自分のことしか考えていません。何度も話し合いましたが、自分のことに集中したい、自分が勝つことがチームのため、と考えを改めようとしません。思いきって主将を命じたものの、まったく変化なし。どうしたらわかってくれるでしょうか」（部活顧問／男性）

A 「帰属意識」は大切です。チームの一員であることを自覚させることができれば「恩返し」の気持ちが生まれます。

発育発達のプロセスにおいて、中学生の了供なら、こういう子は少なからずいるでしょう。誤解を恐れずに言えば、自己中心的な気持ちは決して悪いことではありません。ものわかりの良すぎる子供というのが、すべて良い子供ではないのです。

ただ、世の中はギブ&テイクで成り立っていることは教えなければいけません。みんなで食事をする際、自分の分だけ先にたくさん取り、先に食べ、先に席を立ったらどうなるでしょうか。次の食事はありません。「自分だけ」の人に共通するのは、自分が周囲からどう見られているかという意識の欠如です。自分のことに集中したいのなら、それでも構いませんが、同時にその行動が周囲にどのような影響を与えているかは考えなければいけません。そこを察知する能力の有無は、成長する過程でとても重要です。

その子に植え付けたいのは「帰属意識」です。帰属意識とは、ある集団の一員であること、その集団に所属している感覚、意識のことを意味します。自分はチームの一員であることを自覚させてください。

自分が試合に出場できるのは、学校があるから、チームがあるから、仲間がいるからです。テニスができるのは指導者がいて、両親がいて、祖父母がいて、とそこまで感謝の気持ちが持てるようになれば、自分のことだけしていればいいという考えは、ありえないことに気づくでしょう。

キーワードは「恩返し」です。その気持ちを持ち、仲間のために戦うことができれば、彼はもっと強くなれるはずです。仲間の応援が大逆転勝利につながった、自分の手痛い敗戦を仲間が必死になってカバーしてくれたなど、何かひとつのきっかけがあればと思います。間違っても、もう無理だと主将から外さないでください。ワンモアプッシュです！

目標を達成するためのモティベーション

イソップ寓話『3人のレンガ職人』

経営者の勉強会でよく使われる『3人のレンガ職人』というイソップ寓話を知っていますか？

旅人が一本道を歩いていると、汗を流しながら難しい顔でレンガを積んでいる職人に出会いました。旅人が「ここで何をしているのですか？」と聞くと、その職人は「見てのとおり、レンガを積んでいるんだよ。まったく単純でつまらない仕事だよ。やってられないよ」と不平不満を訴えるのです。

旅人がふたたび道を歩いていくと、またレンガを積んでいる職人がいました。先ほどの職人よりは少し笑顔が見えました。旅人が職人に

世のため
人のため
高いモティベーション
何のために
テニスをしている？

「何をしているのですか？」と聞くと職人は言いました。「俺はここで壁を作っているんだ。これが俺の仕事だからね」。旅人が「たいへんですね」と声をかけると、職人は「どうってことはない。この仕事をすることによって、家族を養うことができるんだよ」と言うのでした。

さらに旅人は道を進んでいくと、今度は実に楽しそうにレンガを積んでいる職人がいました。旅人が職人に「何をしているのですか？」と聞くと、3人目の職人は「歴史に残る大聖堂の壁を作っているところなんだ」と言いました。「たいへんですね」と旅人が声を掛けると、その男は「とんでもない。やがてここで多くの人々が幸せな時間を過ごせるんだ。それを思えば苦でも何でもないよ」と目を輝かせて言いました。

3人とも同じレンガ積みの仕事をしているのに、気持ちの持ち方がまったく違っています。レンガ積みをたいへんと思うかどうかは、その人の目的を達成するためのモティベーションで違ってくるということです。

1人目の職人は、やらされていると感じて文句が出るのです。2人目の職人は家族を養うためにという目的があります。3人目の職人はさらに世のため人のためになる仕事をしているという大きなやりがいがあります。

あなたはどうですか？　何のためにテニス練習や仕事をしていますか？　高いモティベーションを持っていれば、日々の生活は楽しく、輝いてきます。少しのことで文句を言ったり、努力を怠ることはないでしょう。

おわりに

人生、出会うべき人には必ず出会う。しかも、一瞬遅からず、早からず。しかし、内に求める心なくば、眼前にその人ありといえども縁は生じず。

これは教育学者・哲学者である森信三先生の言葉です。縁とは本当に不思議なものです。この世に生をうけて、自分が今ここに至るまで、いったいどのくらいの人と出会ったのでしょうか? 出会いは、人生の分岐点(ターニングポイント)です。

私にはかけがえのない恩師がいます。我が国におけるスポーツ心理学者でスポーツメンタルトレーニングの第一人者、日本体育大学名誉教授の長田一臣先生。トップアスリートに対して、「体力」と「技術」に一切タッチすることなく、専ら精神的な側面を訓練することで、競技成績は向上するか否かの実践的研究を行いました。

もう一人は、アサヒビール名誉顧問の中條高徳先生。『アサヒスーパードライ』作戦の陣頭指揮をした、同社復活の立役者です。中條先生との出会いは、専修大学女子テニス部監督として全日本大学王座(大学テニス部の頂点を争う大会)で優勝すると決意して、挑戦していたときでした。世間知らずの私を大きな心で受け止めていただきました。関西の名門、園田学園女子大学の連覇を阻止して大学日本一になったとき、中條先生は私の眼をじっと見ながら「佐藤君、よく聞け! 絶対に地位で人を率いるなよ! あの人のためなら何でもすると思わせるような人間力を磨きなさい。それからね、苦難や困難は神様が与えてくれる試練だから、そういうときでも〝ピンチをチャンスと置き換えることができる明るい資質〟がないといけないよ。それ無き者はリーダーの座を去らなければいけない。志無くは舵なき船、轡《くつわ》なき馬のごとし……」、そう教えてくださいました。中條先生の言葉は今でも、楔《くさび》のように心に突き刺さっています。

　人類を混乱の渦に巻き込んだコロナ禍で、心の中から炙り出したように出てきた言葉もあります。「本当の人間の価値はすべてがうまくいって満足しているときではなく、試練に立ち向かい、困難と闘っているときにわかる」、これはマーティン・ルーサー・キングの言葉です。それと同時に、「苦中の苦を受けざれば、人の上の人たること難し（人の上に立とうとする者は、苦しみの中の苦しみを経験せねばならない）」という言葉が私に語りかけてきます。

　１９９４年3月に、私は最新のスポーツ科学を学ぶためにスウェーデンのカロリンスカ研究所（バイオメカニクス＆モーターコントロール）＆ＧＩＨ（ストックホルム体育大学）、Dr.アルフトールステンソン教授の元に留学しました。当時のスウェーデン男子テニスは、ステファン・エドバーグ、ヨナス・ビョークマン、マグナス・ラーションなどが中心となって世界のトップに君臨していました。その頃にテニスマガジンで私の連載がスタートし、今日に至るまで、途中お休みの期間もありましたが約30年に渡って関わらせていただきました。ファックスに始まり、電子メールでのやり取りとりへと変化し、何百編も重ねてくることができました。

　本書はその連載を振り返り、整理する中で、これまでに私が出会った多くのテニス選手や指導者の方々から与えていただいた大切な〈気づき〉を核として構成させていただきました。その皆様にこの場を借りて深謝申し上げます。

　そしてこの出版の機会を与えていただいたベースボール・マガジン社、膨大な原稿を見事に整理整頓していただいた編集部の青木和子さん、牧野正さんにも心から感謝申し上げます。

　最後まで読んでいただきありがとうございました。

佐藤雅幸

写真	BBM、Getty Images
イラスト	サキ大地、Getty Images
デザイン	泰司デザイン事務所
カバーデザイン	岡 泰司

テニスの心《しん》理《り》学《がく》

“心《しん》”技《ぎ》体《たい》を鍛《きた》えてメンタルタフになれ!

2023年3月31日　第1版第1刷発行

著者　佐藤雅幸《さとうまさゆき》
発行人　池田哲雄
発行所　株式会社ベースボール・マガジン社
〒103-8482
東京都中央区日本橋浜町2-61-9 TIE浜町ビル
電話　03-5643-3930（販売部）
03-5643-3885（出版部）
口座振替　00180-6-46620
https://www.bbm-japan.com/

印刷・製本　大日本印刷株式会社

Printed in Japan
ISBN978-4-583-11582-5　C2075